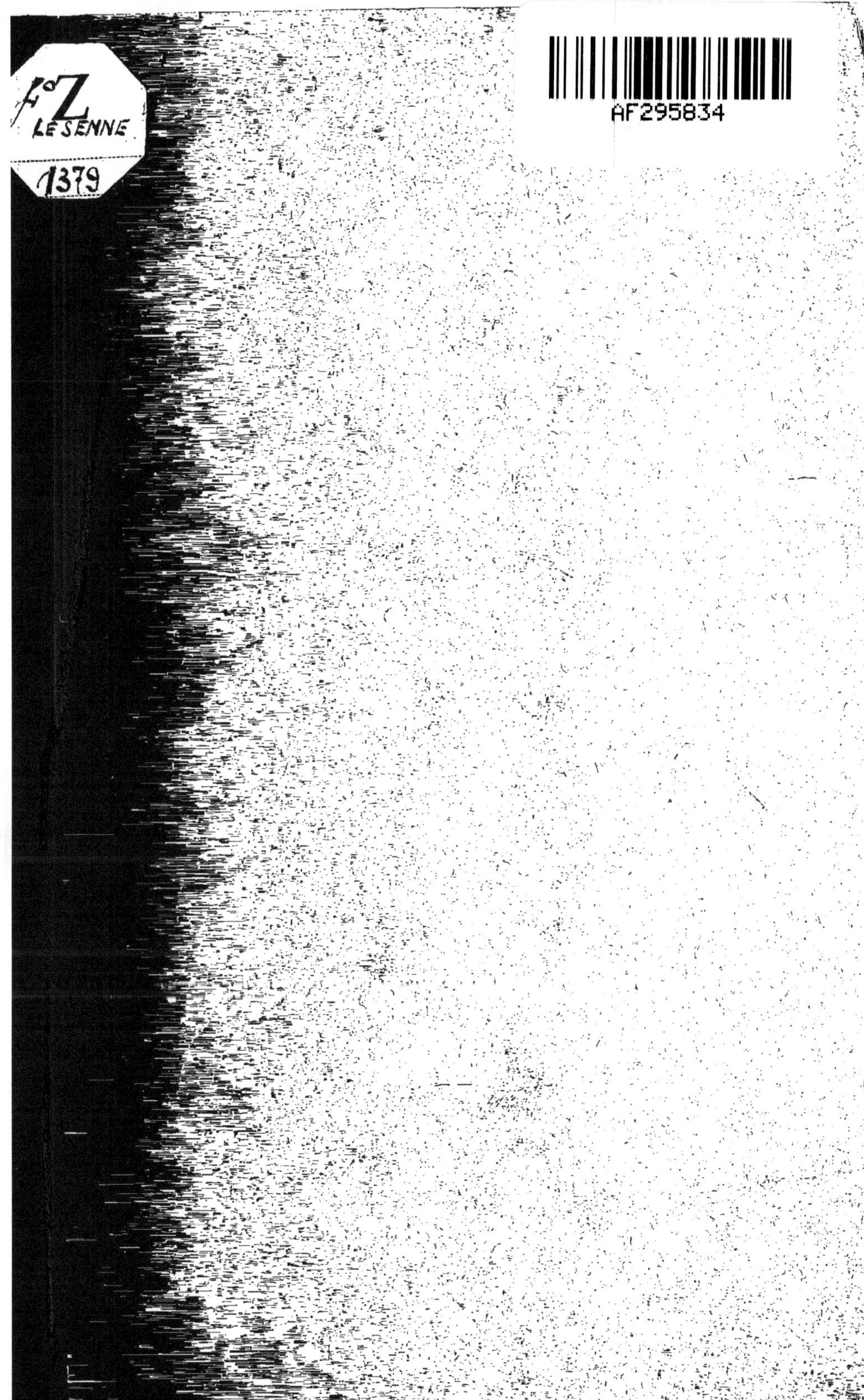

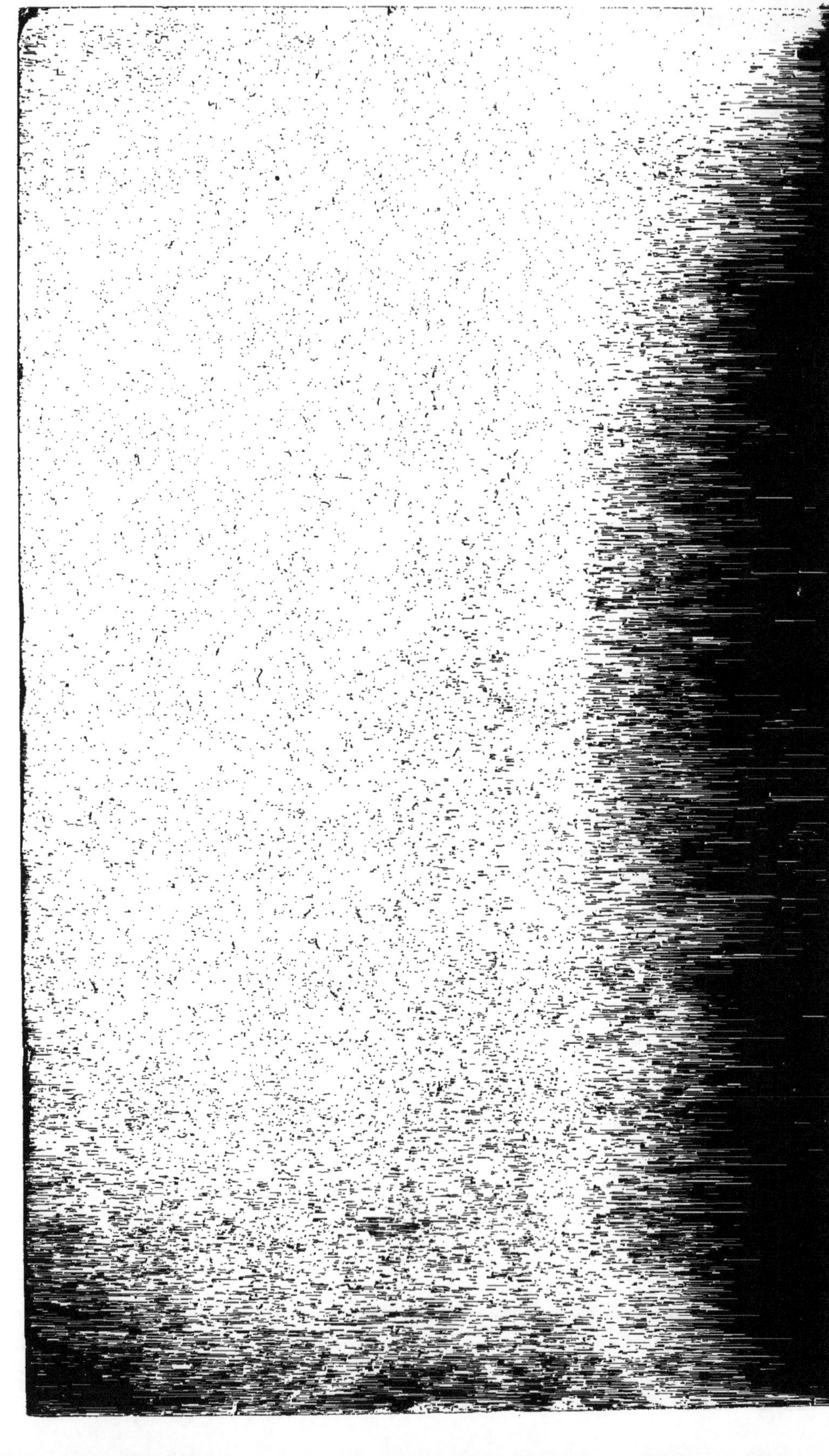

LES
TRANSPORTS EN COMMUN
A PARIS

LES
TRANSPORTS EN COMMUN
A PARIS

ÉTUDE ÉCONOMIQUE ET SOCIALE

PAR

CLAUDE LUCAS

INGÉNIEUR DIPLOMÉ DE L'ÉCOLE POLYTECHNIQUE DE ZURICH
AVOCAT
DOCTEUR EN DROIT

PARIS
JOUVE & CIE, ÉDITEURS
15, rue Racine, 15

PRÉFACE

On peut définir le transport en commun de la manière
suivante : le moyen de locomotion qui, empruntant un
itinéraire fixé à l'avance, transporte rapidement et à
bas prix un groupe de voyageurs d'un point à un autre
de cet itinéraire.

L'usage des véhicules est très ancien. Mais le besoin
d'un service de transports en commun n'apparut qu'assez
tard dans l'histoire. C'est qu'il a été le produit d'un
ensemble de faits qui caractérisent essentiellement la vie
moderne ; parmi ceux-ci il faut placer surtout l'extension des centres urbains et la complication de la vie
citadine qui exige une locomotion rapide. Il n'existe
pas une ville de quelque importance qui n'ait dû organiser le transport en commun de ses habitants ; ce
transport est devenu un rouage essentiel de l'organisme urbain. Dans nos grandes capitales modernes, le
besoin de transport rapide et économique s'est incro a-
blement intensifié, et les moyens d'y faire face constituent l'une des questions les plus importantes et les
plus complexes qu'elles aient à résoudre.

Le tableau suivant indique la progression de la population parisienne depuis 1831.

Population de Paris depuis 1831

(Population dite domiciliée) [1]

1831	785.862
1836	899.313
1841	935.261
1846	1.053.897
1851	1.053.262
1856	1.174.346
1861	1.696.141
1866	1.825.274
1872	1.851.792
1876	1.988.806
1881	2.269.023
1886	2.344.550
1891	2.447.957
1896	2.536.834
1901	2.714.068
1906	2.763.393
1911	2.888.110

A cette population dite domiciliée (2.888.110 pour Paris et 4.154.042 pour le département de la Seine), il faut ajouter la population flottante, comprenant les habitants de la grande banlieue, les provinciaux et les étrangers qui, suivant M. Bertillon, viennent à Paris chaque année au nombre de 1.200.000.

En tenant compte de tous ces éléments, nous arrivons à fixer à 5.300.000 personnes environ l'effectif de l'agglomération parisienne.

Cette population se répartit, quant à sa résidence, non seulement sur les 7.802 hectares du territoire de

---

1. *Bulletin municipal officiel de la Ville de Paris*, n° du 10 mars 1912.

Paris, mais sur le département de la Seine et sur une partie de celui de Seine-et-Oise.

Pour ne considérer que Paris, 3 ou 4 kilomètres séparent les principaux points entre lesquels se meut cette colossale fourmilière humaine. La distance en ligne directe qui sépare les deux points de Paris les plus éloignés est de 14 kilomètres. La circonférence de la capitale représente dans sa totalité une longueur de 34 kilomètres.

On saisit immédiatement l'intérêt vital qu'il y a pour une pareille cité à transporter ce nombre immense d'individus d'un point à un autre, jusqu'aux faubourgs et jusqu'à la banlieue.

Il est certain que les véhicules mis à la disposition de la foule doivent être d'autant plus nombreux et perfectionnés que la Ville s'agrandit matériellement et que la population augmente. Car, d'une part, les distances à parcourir deviennent sans cesse plus longues, et, de l'autre, les personnes ayant besoin de parcourir ces distances deviennent toujours plus nombreuses. Ce qu'il faut bien remarquer aussi, c'est que l'importance croissante de la cité et de sa population multiplie et complique les relations sociales, intensifie singulièrement l'existence de la plupart des habitants. Nous avons aujourd'hui un bien plus grand nombre d'actes à accomplir dans un temps plus limité qu'autrefois ; le temps prend de plus en plus de valeur ; d'où la nécessité de se transporter le plus vite possible, tout en payant le moins cher possible, sur tous les points où appelle la multiplicité des travaux et des plaisirs quotidiens.

Il suffit de vivre et de regarder devant soi pour voir que Paris est muni d'un appareil circulatoire important. Cet appareil s'est formé peu à peu, au fur et à mesure que les besoins de la circulation publique l'ont érclamé et que les inventions nouvelles l'ont rendu possible.

On sait qu'il a été procédé, en 1910, à une réorganisation générale des transports en commun. Ceux-ci sont entrés dans une ère nouvelle qui justifie l'étude que nous présentons au public.

La réorganisation dont il s'agit paraît, d'ailleurs, heureuse dans son ensemble.

Le programme que s'était tracé l'administration se trouve à peu près complètement réalisé, en ce qui concerne les trois principaux réseaux de tramways, dits municipal (Compagnie générale des Omnibus), départemental Nord (Compagnie des Tramways de Paris et du département de la Seine), et départemental Sud (Compagnie générale parisienne de tramways). Pour les autres compagnies, la réorganisation est en voie de se faire.

Des progrès considérables ont été réalisés depuis 1910, et il en est résulté de réels avantages soit pour le public, soit pour la Ville, soit pour les compagnies : nouvelles lignes desservant des quartiers jusque-là mal partagés, généralisation de la traction mécanique créant la rapidité des transports, d'où multiplication des voitures et des places offertes, extension du service ouvrier, abaissement des anciens tarifs et sectionnement permettant les petites courses à bas prix.

Certaines compagnies ont disparu, les réseaux remaniés sont devenus plus homogènes. ce qui diminue les faux-frais et évite les doubles emplois.

On a mieux compris le rôle que doivent jouer les tramways circulant intra-muros, rôle qui ne doit pas être le même que jadis, surtout depuis la création de moyens de locomotion souterrains très rapides. Il y a tout lieu d'espérer qu'on ne verra plus se reproduire de luttes désastreuses entre les compagnies, luttes surtout préjudiciables au public qui a de plus en plus besoin d'être assuré de trouver à sa portée des moyens de transports marchant régulièrement et sur lesquels il peut compter. On a, en outre, cherché à rapprocher la banlieue et les quartiers de la périphérie du centre de Paris, rapprochement indispensable, comme nous le verrons, la population ouvrière s'éloignant du centre de la Ville devant l'augmentation croissante des loyers et qui pourra, dans une certaine mesure, remédier à la crise du logement dans la capitale.

Le personnel des compagnies obtient de gros avantages dans le relèvement des salaires, la diminution des heures de travail, le paiement des jours de repos, la constitution des retraites et les secours de maladie.

L'Administration et les compagnies, profitant des expériences antérieures, ont établi des cahiers des charges mieux compris et plus rationnels que les anciens. Là encore de grosses améliorations ont été apportées, soit dans les redevances pour l'emprunt des voies, redevances proportionnelles à ces emprunts soit dans le prix de transport proportionnel à la longueur des courses effectuées, soit dans l'unification de l'expiration des concessions, concordant avec l'expiration des concessions du Métropolitain et du Nord-Sud.

Les questions pouvant amener des contestations entre les compagnies et l'autorité concédante ont été étudiées de très près, et on a prévu, pour le cas de conflit, des tribunaux d'arbitrage destinés à empêcher le renouvellement des luttes épiques du temps jadis, et par des clauses de revision très prudentes et très justes, on a cherché, tant pour les compagnies que pour la ville ou le département, à éviter des pertes ou des avantages trop considérables.

Les compagnies, dont les concessions expiraient, retirent des traités des avantages appréciables. Elles évitent d'abord les aléas et les lenteurs de liquidations grosses de difficultés. En outre, l'exploitation future de leurs réseaux avec l'emploi des moyens perfectionnés dont elles disposent est susceptible de procurer aux capitaux engagés de très honorables rémunérations.

Quant aux compagnies dont les concessions n'arrivaient pas encore à terme, elles ont, par le prolongement de la durée de concession qu'elles obtiennent, facilité l'amortissement de leurs capitaux, et, grâce à leurs nouveaux cahiers des charges plus rationnels, elles peuvent espérer obtenir une rémunération plus grande qui se traduira par de notables améliorations apportées dans leur service.

Notre but n'est point d'exposer les questions d'ordre juridique ou administratif qui se rattachent à la réorganisation de 1910 ; il n'est pas non plus d'envisager la locomotion publique au point de vue technique. Dans les pages qui vont suivre, nous ne ferons qu'accidentellement œuvre d'ingénieur ou de juriste.

Ce que nous nous proposons, c'est d'étudier les transports en commun dans Paris en économiste et en sociologue.

Étant donné que la locomotion publique constitue un rouage d'une machine immense — notre capitale — nous rechercherons quels sont les rapports du rouage à la machine.

En d'autres termes, nous nous demanderons quel rôle jouent et quelles conséquences produisent les transports en commun dans la vie économique et sociale de Paris.

Après avoir pris une connaissance nécessaire de l'outillage des transports et des conditions générales de leur exploitation, nous verrons comment ils s'adaptent aux besoins actuels de la circulation.

Puis tous nos efforts tendront à montrer combien profondément et sous quels nombreux aspects ils ont modifié la cité parisienne. Nous aurons là un saisissant exemple de la complexité des phénomènes économiques et sociaux et de la pénétration réciproque des uns par les autres. La locomotion publique va nous apparaître comme susceptible, par ses continuels perfectionnements, de déterminer d'importants mouvements démographiques, de remédier dans une sérieuse mesure à la crise si douloureuse du logement, de provoquer et d'accélérer l'extension et l'aménagement de Paris et de sa banlieue, d'influer enfin d'une manière profonde sur les habitudes et la mentalité sociales.

LES

TRANSPORTS EN COMMUN

A PARIS

(Étude Économique et Sociale)

CHAPITRE PREMIER

L'OUTILLAGE

Ce n'est qu'en 1828 qu'apparut l'organisation d'un véritable service de transports en commun. Cette année-là, le préfet de police, qui était alors M. de Belleyme, autorisa Baudry et consorts à exploiter dans Paris un service de voitures dites « omnibus ».

L'outillage se développa de plus en plus, à mesure que le besoin de circulation se fit plus impérieux et fut ressenti par un nombre, sans cesse croissant, de personnes. L'organe s'accrut avec le besoin. Mais, en même temps, il arriva, ici comme ailleurs, que le perfectionnement de l'organe stimula le besoin. On vit l'intensité de la circulation parisienne augmenter, par suite de la multiplication même des transports. Comme l'a dit M. Dausset : « La matière transportable augmente en raison même du développement des moyens de transport rapides et à bon marché ».

Ces considérations expliquent l'accroissement formidable et la variété de plus en plus grande des procédés de transport. N'en viendra-t-on pas, dans quelques années, à poser la question du transport en commun par la voie aérienne? Une semblable idée eût semblé une manifestation de folie aux contemporains de M. de Belleyme. La science fait, peu à peu, entrer la chimère dans le domaine des réalités, pour l'accroissement du bien-être humain.

Nous voudrions décrire ici la formation et l'évolution de cet outillage des transports en commun, ses perfectionnements successifs, son état actuel et les perspectives qui s'ouvrent devant lui.

ÉVOLUTION

Nous avons déjà noté l'origine relativement moderne de l'industrie des transports en commun à Paris.

A l'encontre des véhicules privés dont on se sert depuis la plus haute antiquité, le premier essai de transport en commun à Paris se rencontre seulement sous Louis XIV, un siècle après la création de services de diligences fonctionnant régulièrement de ville à ville. Mais cette apparition est si timide et si courte qu'à vrai dire l'usage de moyens de locomotion, semblables à ceux existant de nos jours, ne date guère que du commencement du XIXe siècle.

Néanmoins, c'est à l'invention du carrosse à cinq sols que remonte la première conception de l'omnibus moderne — départ à heures réglées, trajets fixés, prix modique (5 puis 6 sols), correspondance, sectionnement — et c'est pour cela qu'il est, à plus d'un point de vue, intéressant de résumer l'histoire plutôt malheureuse de ces ancêtres de nos omnibus[1].

On attribue généralement à Pascal la paternité de l'institution des transports en commun. C'est sous son impulsion qu'une société adressa au roi, le 25 novembre 1661, une requête ten-

1. Voir Alfred Martin, *Étude historique et statistique sur les moyens de transport dans Paris*. Paris, 1894. — Marcel Chassaigne, *Étude sur les moyens de transport en commun dans Paris*, 1912. — Charles Samaron, *Journal des Débats*, 2 et 3 janvier 1912. Variétés.

dant à l'établissement dans Paris de carrosses publics. Le 19 janvier 1662, le Conseil présenta un rapport favorable et, aux termes de lettres patentes en forme d'édit, enregistrées au Parlement le 27 février, Louis XIV octroya la permission sollicitée. L'autorisation était accordée à MM. Artus Gouffier, duc de Rouanès, gouverneur de la province du Poitou, le marquis de Sanches, grand prévost de l'Hôtel et le marquis de Crénan, grand échanson de France.

Mais la moyenne partie de la population n'était pas admise à profiter des nouveaux moyens de communication. Le Parlement n'avait, en effet, consenti à enregistrer les lettres patentes que sous la réserve que « les soldats, pages, laquais et autres gens de livrée, même les manœuvres et gens de bas, ne pourraient entrer esdits carrosses. »

L'institution commença de fonctionner le samedi 18 mars 1662, date mémorable qui, comme l'a dit M. Chassaigne devait marquer le début de l'ère des transports en commun [1].

Ce jour-là, plusieurs carrosses, contenant chacun huit personnes qui payaient cinq sols par tête, parcoururent pour la première fois, d'après un itinéraire fixé à l'avance, les rues qui conduisaient de la porte Saint-Antoine au Luxembourg. La première route de carrosses, ou, comme nous dirions aujourd'hui, la première ligne d'omnibus était livrée au public.

L'inauguration se fit avec pompe, sous les regards émerveillés des Parisiens. Au Luxembourg, deux commissaires du Châtelet en robe, flanqués de quatre gardes du grand Prévost, de six ou douze archers de la ville et d'autant de sergents à cheval, annoncèrent, de par le roi, le nouvel établissement, distribuèrent aux cochers des casaques bleues, sur le devant desquelles on avait brodé les armes du roi et celles de Paris. Ils commandèrent la marche. Dans chaque véhicule, on avait fait monter un garde pour en imposer au populaire [2].

---

1. Chassaigne, *op. cit.*, p. 10.
2. Samaron, *loc. cit.*

Un grand enthousiasme régna au début parmi la population parisienne. Chacun aurait voulu voir sa rue parcourue d'une ligne de voitures publiques.

Cependant il eût été extraordinaire, en France, que la satire ne s'en mêlât point.

Lés vers du gazetier Loret firent fortune, malgré leur platitude :

> L'établissement des carrosses
> Tirés par des chevaux non rosses
> Mais qui pourront à l'avenir
> Par leur travail le devenir.

Cinq « routes de carrosses » furent successivement ouvertes au cours de l'année 1662 : la première allait du Luxembourg à la porte Saint-Antoine ; la seconde, de la rue Saint-Antoine à la rue Saint-Honoré ; la troisième, de la rue Montmartre au Luxembourg ; la quatrième, dite du Tour de Paris, ayant comme point de départ et d'arrivée la rue Neuve-Saint-Paul ; la cinquième allant de la rue du Poitou au Luxembourg.

L'exclusion de certaines catégories de citoyens, que nous avons relatée, empêcha le succès de l'entreprise. Les carrosses « à l'usage des bourgeois et gens de mérite » disparurent à une date qui n'a pas été déterminée.

A la suite de cet échec, les Parisiens durent attendre un siècle et demi environ avant de posséder un mode de locomotion en commun.

En 1819, le sieur Godon sollicita l'autorisation de faire circuler dans Paris, le long des quais et des boulevards, des voitures à itinéraire fixe et destinées au transport en commun des citadins. Cette tentative échoua.

En 1824, MM. Dubourget et Vaudrion, et en 1826, MM. Baudry, Boitard et Saint-Céran firent une semblable tentative qui n'eut pas meilleure fortune. L'administration objectait l'embarras qui résulterait, pour la circulation, de la mise en marche des nouvelles voitures.

En 1828, l'administration se montra moins récalcitrante ;

représentée par M. de Belleyme, préfet de police, elle accepta une nouvelle proposition de Baudry et consorts et les autorisa à exploiter dans Paris un service de voitures dites « omnibus ».

Ainsi l'organisation des transports en commun à Paris franchissait une étape importante. Le prix des places fut élevé de o fr. 25 à o fr. 3o par ordonnance du préfet de police du 2 janvier 183o. Le privilège échu à M. de Saint-Céran fut acquis ultérieurement par MM. Feuillant et Moreau-Chuslon.

L'entreprise fondée en 1828 eut un tel succès qu'elle éveilla la concurrence. Un grand nombre de sociétés d'omnibus apparurent successivement, ce furent : les Dames-Blanches, les Tricycles, les Citadines, les Orléanaises, les Diligentes, les Écossaises, les Béarnaises, les Carolines, les Batignollaises, les Parisiennes, les Hirondelles, les Joséphines, les Excellentes, les Sylphides, les Constantines, les Dames françaises, les Algériennes, les Dames réunies, les Gazelles.

Quelques-unes de ces compagnies disparurent, d'autres fusionnèrent.

En 185o, on ne trouve plus que les dix compagnies suivantes : Omnibus, Dames réunies, Favorites, Béarnaises, Citadines, Batignollaises, Gazelles, Constantines, Tricycles, Hirondelles-Parisiennes et Excellentes. Le nombre des voitures omnibus circulant dans Paris à cette date était de 3oo à 4oo.

A plusieurs reprises déjà, les compagnies, aussi bien dans leur intérêt que pour répondre aux vœux du public, avaient essayé de ne plus former qu'un organisme unique. Mais elles n'avaient pu y parvenir.

Paris traversait alors une époque de transition. Sous l'impulsion du baron Haussmann des travaux considérables étaient effectués de tous côtés, on perçait des rues, on construisait de nouvelles voies d'accès, on élevait les monuments publics nécessités par l'accroissement de la Ville, et cette extension continuelle faisait naître le besoin de moyens de transport plus rapides et plus aptes à relier les divers points de la capitale. On se rendit compte que les compagnies existantes étaient

incapables de pourvoir au transport des voyageurs chaque jour
plus nombreux. Dans son mémoire, présenté le 18 mai 1854 à
la Commission municipale, le Préfet de police le fait fort bien
remarquer : « Les diverses entreprises se côtoyaient parfois
dans un même parcours et l'encombrement de la voie publique
en était la conséquence forcée ; la rivalité des intérêts privait la
population de nombreuses correspondances et d'améliorations
que peut seule apporter l'unité d'exploitation ; la rapidité des
transports à bas prix était entravée par les détours multipliés
imposés à chaque ligne d'omnibus. »

Il fallait, en un mot, à une ville telle que Paris, un système
de transports en commun, à bas prix, desservant autant que
possible tous les quartiers, aussi bien ceux du centre que ceux
de la périphérie, fonctionnant d'une façon régulière, à heures
fixes, et astreints à certaines obligations aussi bien envers les
particuliers qu'envers la ville :

« Il y a, disait encore le préfet dans son mémoire, dans une
grande capitale telle que Paris, un immense besoin de transport
à bas prix. Il existe entre tous les quartiers une étroite solidarité de relations de toute nature. Le régime de la concurrence
qui rencontre de grandes difficultés dans l'état de la voirie, ne
donnerait pas satisfaction à cet intérêt parce qu'il desservirait
certains quartiers et pas d'autres. Le mieux est donc de constituer une seule compagnie, qui, avec de moindres frais généraux, produira le transport au plus bas prix, qui, par unité de
direction, établira la solidarité dans un service appelé à rayonner
en tout sens, qui sera en mesure d'exécuter dans une certaine
proportion les transports que réclamera l'intérêt public. »

On renonça donc au système de la libre concurrence et l'on
donna le monopole des transports à une société placée sous le
contrôle permanent des pouvoirs publics, en l'espèce « l'Entreprise générale des Omnibus », dans laquelle vinrent se fusionner
toutes les compagnies existantes. La nouvelle société fut cons-
tituée le 19 février 1855 et autorisée par décret du 22 février
1855.

Mais Paris s'accroissant sans cesse, on recula bientôt les limites de la ville jusqu'aux fortifications, et, par la loi du 16 juin 1859, on annexa les localités suburbaines. L'économie du précédent contrat était par là même détruite, et en 1860, un nouveau traité fut signé avec la Compagnie des Omnibus, réorganisant les réseaux. Ce traité était conclu pour une période de cinquante ans, c'est-à-dire jusqu'en 1910; il maintenait à la compagnie en question ses monopoles dont la contre-partie essentielle était, pour la Ville de Paris, le droit de modifier les lignes primitivement établies et d'en établir de nouvelles.

Ce n'est qu'en 1854 que les tramways apparurent en France.

Leur inventeur fut un Français, Loubat. Mais celui-ci dut soutenir une longue lutte avec le gouvernement français pour être autorisé à établir un « chemin de fer américain » le long du quai de Billy. Il se heurta à des objections absurdes et puériles.

C'est seulement en 1854 qu'il obtint gain de cause et qu'il reçut l'autorisation sollicitée. On appela d'abord ce moyen de locomotion « chemin de fer américain » parce que l'invention de Loubat avait été accueillie avec faveur par les libres citoyens de New-York.

Loubat rétrocéda sa concession à la Compagnie des Omnibus qui reporta le terminus de la voie ferrée à la place de la Concorde

En 1867, le réseau des voies ferrées ne se composait encore que de trois lignes : celle de Sèvres, celle de Boulogne et celle des Messageries de Saint-Cloud.

Après la guerre de 1870-1871, le Conseil général de la Seine organisa des lignes de tramways dans Paris et sa banlieue. En vertu du décret du 9 août 1873, l'État concéda au département un premier réseau ; il était formé par les lignes de pénétration rayonnant de la banlieue vers Paris et d'une circulaire qui suivait les anciens boulevards extérieurs et reliait les lignes radiales. Cette concession fut rétrocédée par le Conseil général aux Compagnies de Tramways Nord et Sud et à la Compagnie générale des Omnibus. Cette dernière vit ainsi s'ajouter aux tramways que lui avait rétrocédés M. Loubat ceux des boulevards du Nord, entre la place de l'Étoile et la place du Trône. La Compagnie des Tramways Nord eut les lignes rayonnant entre la place de l'Étoile et celle du Château-d'Eau. La Compagnie des Tramways Sud se chargea des autres rayons, avec le conplément de la ligne circulaire. En 1875, la ligne Étoile-Villette fut mise en service et concédée à la Compagnie des Omnibus. L'industrie des tramways progressa lentement chez nous. Les premiers tramways à vapeur n'apparurent qu'en 1890 ; jusque-là on s'était contenté de la traction animale. En 1892, on mit en service quelques voitures électriques, fonctionnant au moyen d'accumulateurs. Enfin on se servit du moteur alimenté par fil aérien ou trolley ou bien par fil souterrain (caniveau axial ou latéral). Les compagnies de tramways traversèrent d'ailleurs des crises financières qui amenèrent le gouvernement à concéder, par décret du 5 juin 1891, à trois compagnies nouvelles le réseau départemental agrandi. A la fin du xixᵉ siècle l'industrie des tramways entra dans une voie d'améliorations continues qui permit, sur beaucoup de lignes, la substitution de la traction mécanique à la traction animale.

Mais, la circulation devenant de plus en plus intense, il fallut songer à établir des voies de communications souterraines. La construction du Métropolitain fut décidée par le Conseil municipal le 30 novembre 1896. Le Chemin de fer Métropolitain fut déclaré d'utilité publique par la loi du 30 mars 1898.

La Ville de Paris se chargea de l'infrastructure et la compagnie concessionnaire de l'équipement des voies et du matériel roulant.

En 1910 entrèrent en exploitation les premières lignes du chemin de fer souterrain Nord-Sud ; le réseau de la société a été complété par la concession de nouveaux embranchements et prolongements. Mais, à la différence de ce qui s'est passé

pour le Métropolitain, les travaux d'établissement ont été entièrement à la charge du Nord-Sud.

Aujourd'hui, en définitive, Paris possède un système fort
important de transports en commun dont on prendra une
connaissance précise, à l'aide des tableaux suivants [1] :

TRAMWAYS (Compagnie des Omnibus)

1 et 2. Du Louvre à la place de l'Alma, de la place de
l'Alma à la porte de Saint-Cloud, de la porte de Saint-Cloud à
Sèvres, de Sèvres à Versailles.

3. Du Louvre à la Bastille, de la Bastille à la porte de Saint-
Mandé, de la porte de Saint-Mandé à Vincennes.

5. Du Trocadéro à la place des Ternes, de l'Étoile à la place
Clichy, de la place Clichy à la Villette.

6. Du cours de Vincennes à la place de la République, de la
place de la République au Louvre.

7. De la Villette à l'avenue de la République, de la rue de
Ménilmontant à la place de la Nation.

8. De Montrouge au Châtelet, de la place Saint-Michel à
la gare de l'Est.

9. De la porte de la Chapelle à la gare de l'Est, de la gare
de l'Est à la place Saint-Michel, du Châtelet au square Monge.

10. Du cimetière de Saint-Ouen à la porte de Clignancourt,
de la porte de Clignancourt à la gare de l'Est, de la gare de
l'Est à la Bastille.

12. De Passy au pont de l'Alma, du pont de l'Alma à
l'Hôtel de Ville.

13. Du Louvre au pont d'Austerlitz, de la Bastille à la

1. Ces tableaux sont annexés aux cahiers des charges des conventions de
concessions passées entre la Ville et les compagnies, lors de la réorganisation
de 1910. On les trouvera aussi dans le livre de M. Marcel Chassaigue, *Étude
économique sur les moyens de transport en commun dans Paris*, 1913 p. 24 et
suiv.

porte de Bercy, de la porte de Bercy à Charenton, de Charenton à Créteil.

14. De la Bastille à Saint-Germain-des-Prés, de Saint-Germain-des-Prés à l'avenue Rapp.

15. De la Muette à la place de l'Étoile, de la place de l'Étoile à la rue Taitbout.

15 *bis*. — De la Muette à la place de l'Étoile, de la place de l'Étoile à la rue Taitbout (par les avenues Victor-Hugo et Kléber).

16. De Boulogne à Auteuil, d'Auteuil au Trocadéro, de la station de Passy à la place de l'Étoile, de la place de l'Étoile à la Madeleine.

19. De la gare de Lyon à Saint-Germain-des-Prés, de Saint-Germain-des-Prés à la place de l'Alma, de la place de l'Alma à l'avenue Henri-Martin.

21. De Pantin aux fortifications, des fortifications au boulevard Magenta, du boulevard Magenta à l'Opéra.

22. De la porte de Montreuil au carrefour du boulevard Diderot et de l'avenue Daumesnil, du carrefour du boulevard Diderot et de l'avenue Daumesnil au Châtelet.

23. De l'église de Boulogne aux Moulineaux.

24. De Charenton aux fortifications, des fortifications à la Bastille, du boulevard Diderot à la place de la République.

25. De la gare d'Auteuil à la place Cambronne, de la place Cambronne à la place Saint-Sulpice.

26. Du cours de Vincennes à la rue de Belleville, de la rue de Belleville au boulevard Magenta, du boulevard Magenta à Saint-Augustin.

28. De Montrouge à l'École militaire, de l'École militaire à Saint-Augustin.

33. De la mairie du XVe au boulevard de Grenelle, du boulevard de Grenelle à Saint-Philippe-du-Roule.

AUTOBUS (Compagnie générale)

A. Des Gobelins à Saint-Germain-des-Prés, de l'Odéon au Palais-Royal, du pont du Carroussel à Notre-Dame-de-Lorette.

B. Du Trocadéro à la rue de Rome, de la rue de Rome à la gare de l'Est.

C.De la porte de Neuilly au rond-point des Champs-Élysées, du rond-point des Champs-Élysées à l'Hôtel-de-Ville.

D. Des Ternes à Saint-Philippe-du-Roule, de Saint-Philippe-du-Roule au Palais-Royal, du Palais-Royal aux Filles-du-Calvaire.

E. De la Madeleine à la porte Saint-Martin, de la porte Saint-Denis à la Bastille.

F. De la Bastille à la place Wagram, à la gare Saint-Lazare, de la gare Saint-Lazare aux Halles, des Halles à la Bastille.

G. Des Batignolles à la place de l'Opéra, de la place de l'Opéra au Châtelet à la rue Linné.

H. De l'avenue de Clichy à Notre-Dame-de-Lorette, de la rue de Châteaudun au pont du Carroussel, de la place du Palais-Royal à l'Odéon.

I. De la place Pigalle à la place des Victoires, de la place des Victoires à la Halle-aux-Vins.

J. De Montmartre au square Montholon, du square Montholon à la place Saint-Michel.

K. De la place de Rungis au boulevard Saint-Germain, du boulevard Saint-Germain à la place de la République.

L. De la Villette à la gare de l'Est, de la gare de l'Est à la place Saint-Michel, de la rue de Rivoli à la place Saint-Sulpice.

M. Des Buttes-Chaumont à la place de la République, de la place de la République au Châtelet.

N. De Belleville à la porte Saint-Denis, de la porte Saint-Martin à la gare d'Orsay.

N bis. Du lac Saint-Fargeau à la place de la République, de la place de la République au Louvre.

O. De Ménilmontant (place Gambetta) au boulevard des Filles-du-Calvaire, du boulevard des Filles-du-Calvaire au Pont-Neuf, du Châtelet à la gare Montparnasse.

P. Du Père-Lachaise à la place de la Bastille.

Q. De Plaisance (porte de Vanves) à la rue d'Assas, de la rue d'Assas à l'Hôtel de Ville.

T. Du square Montholon au Châtelet, de la rue Réaumur à la Halle-aux-Vins, de la Halle-aux-Vins à la place Jeanne d'Arc.

U. Du parc Montsouris (porte de Gentilly) à la rue Vavin, de la rue Vavin au Palais-Royal.

V. De la gare du Nord à la Bourse, de la Bourse au Pont du Carrousel, du Palais-Royal au boulevard Pasteur.

X. De Vaugirard au boulevard Saint-Germain, du boulevard Saint-Germain à la gare Saint-Lazare.

Y. De Grenelle au boulevard Latour-Maubourg, de l'École militaire à la place du Palais-Royal, de la place du Palais-Royal à la porte Saint-Martin.

Z. De Grenelle à la gare Montparnasse, de la gare Montparnasse au boulevard Saint-Michel, du boulevard Saint-Michel à la Bastille.

AB. De Passy à la place de l'Étoile, de la place de l'Étoile à la Madeleine, de Saint-Philippe-du-Roule à la Bourse.

AC. De la gare du Nord à la place de la Madeleine, de la place de la Madeleine au Champ-de-Mars.

AD. Du Champ-de-Mars à Saint-Germain-des-Prés, du boulevard Raspail au Châtelet, de la place du Châtelet à la place de la République.

AF. De Courcelles à Saint-Augustin, de Saint-Augustin à la rue du Bac, de la rue de Bellechasse au Panthéon.

AG. De la porte de Versailles au boulevard Pasteur, du boulevard Pasteur au Palais-Royal, du pont du Carrousel à la Bourse.

AH. De Javel à l'avenue Bosquet, du boulevard de Grenelle aux Champs-Élysées, de la rue de l'Université à la gare Saint-Lazare.

AI. De la gare Saint-Lazare à la rue du Louvre, de la place de l'Opéra à la place Saint-Michel.

AJ. De la Villette au boulevard Barbès, du boulevard Barbès à la place Clichy.

AK. De la gare Saint-Lazare à la porte Saint-Martin, de la porte Saint-Denis à la place de la Bastille, de la place de la République à la gare de Lyon.

AL. De la porte d'Asnières à la gare Saint-Lazare, de la gare Saint-Lazare à la rue du Bac, de la rue de Bellechasse à la gare Montparnasse.

AM. De Montmartre à la gare Saint-Lazare, de la gare Saint-Lazare à Saint-Germain-des-Prés.

AN. Des Abattoirs de Vaugirard à la rue du Bac, de la rue du Bac à Saint-Eustache.

AO. Du boulevard de la Villette à la rue Oberkampf, de la rue Oberkampf à la gare de Lyon.

AQ. De Montmartre à la gare Saint-Lazare, de la gare Saint-Lazare à la rue de l'Université, du rond-point des Champs-Élysées au boulevard de Grenelle.

AR. Du square Montholon au quai des Grands-Augustins, des Halles au boulevard Saint-Michel, de l'Odéon à la rue Sarrette.

CHEMIN DE FER SUR ROUTE (de Paris a Arpajon)

31. D'Arpajon à la rue de Médicis :

Stations : Odéon, rue Auguste-Comte, Observatoire, église de Montrouge et porte d'Orléans, Montrouge, Arcueil, la Croix-d'Arcueil, la Grange-Ory, Bagneux, la Faïencerie, Bourg-la-Reine, le Petit-Chambord, Sceaux, la Croix-de-Berny, Antony, pont d'Antony, le Petit-Massy, Wissous, Morangis, Chilly-Mazarin, Chilly-grande-ceinture, Longjumeau, Saulx-les-Chartreux, Ballainvillers, la Grange-aux-Cercles, la Ville-de-Bois, Longpont, Montlhéry, Linas (rue Saint-Merry). Linas (station)

Leuville, Saint-Germain-la-Narville, Arpajon. *Embranchement :* Montlhéry, le Houssay, la Guillère, Marcoussis.

TRAMWAYS (Compagnie Générale Parisienne)

32. De Fontenay à Châtillon, de Châtillon à Montrouge, de Montrouge aux fortifications, des fortifications à la gare Montparnasse, de la gare Denfert-Rochereau à Saint-Germain-des-Prés, des fortifications à Saint-Germain-des-Prés.

33. De la place Pereire à l'Étoile, de l'Étoile à l'École militaire, de l'École militaire à la gare Montparnasse.

34. De la gare Montparnasse à l'avenue des Gobelins, des Gobelins à la Bastille.

35. De Villejuif à Bicêtre, de Bicêtre à la porte d'Italie, de la porte d'Italie à la rue Claude-Bernard et au Châtelet.

36. De Clamart à Vanves, de Vanves à la porte de Versailles, de la porte de Versailles au boulevard Montparnasse, de l'avenue de Breteuil à Saint-Germain-des-Prés.

36 *bis*. De Clamart (mairie) à Clamart (gare).

37. De Charenton à Saint-Mandé, de Saint-Mandé à la porte de Picpus, de la porte de Picpus à la Bastille.

38. D'Ivry à la porte de Vitry, de la porte de Vitry à la rue Claude-Bernard et au Châtelet.

39. De Choisy-le-Roi à Vitry, de Vitry au cimetière parisien, du cimetière parisien à la porte de Choisy, de la porte de Choisy à la rue Claude-Bernard et au Châtelet.

40. De Vanves à la porte de Versailles, de la porte de Versailles au boulevard de Grenelle et à Saint-Philippe-du-Roule.

41. Du Petit-Ivry à la porte d'Ivry, de la porte d'Ivry à l'avenue des Gobelins et au Châtelet.

42. Du Clos-Montholon à Malakoff, de Malakoff à la porte Didot, de la porte Didot à la gare Montparnasse et à la Bourse du commerce.

43. De Neuilly (pont de Puteaux) à la porte des Ternes à Saint-Philippe-du-Roule et à Saint-Augustin.

44. Du pont de Neuilly à la porte Maillot, de la porte Maillot à l'Étoile.

45. Place de l'Étoile à Saint-Germain.

46. De Port-Marly à Marly-le-Roi.

47. De Rueil-Ville au Pecq.

48. De Courbevoie à la porte Maillot, de la porte Maillot au boulevard de Courcelles, de la place Malesherbes à la Madeleine.

49. De Courbevoie à la porte Champerret, de la porte de Champerret au boulevard de Courcelles, de la place Malesherbes à la Madeleine.

50. De Neuilly à la porte de Champerret, de la porte de Champerret au boulevard de Courcelles, de la place Malesherbes à la Madeleine.

51. De Levallois à la place Pereire, de la route de la Révolte au boulevard de Courcelles, de la place Malesherbe à la Madeleine.

52. De Gennevilliers à Asnières, d'Asnières à Clichy, de Clichy à la porte de Clichy, de la porte de Clichy à la place de Clichy, de la Fourche à la Madeleine.

53. De la Madeleine à la place Malesherbes, du boulevard des Batignolles à la porte d'Asnières, de la porte d'Asnières à la rue Gide, de la rue Gide à la Station et aux Bourguignons.

54. De Colombes à Asnières, d'Asnières (Bourguignons) à Asnières (place Voltaire), d'Asnières (place Voltaire) à Clichy, de Clichy à la porte de Clichy, de la porte de Clichy à la place Clichy et à la Madeleine.

55. De Saint-Denis (barrage) à Saint-Denis (porte de Paris), de Saint-Denis (porte de Paris) au port de Soissons, du port de

Soissons à la porte de la Chapelle, de la porte de la Chapelle à la gare du Nord, de la gare du Nord à l'Opéra.

56. De Saint-Denis (rond-point de Picardie) à Stains.

57. De la mairie de Saint-Ouen à la porte de Clichy, de la porte de Clichy à la porte de Champerret, de la porte de Champerret à la Porte-Maillot.

58. De Saint-Denis (barrage) à Saint-Denis (porte de Paris), de Saint-Denis (porte de Paris) au port de Soissons, du port de Soissons à la porte de la Chapelle, de la porte de la Chapelle à la gare du Nord, de la gare du Nord à l'Opéra.

59. D'Aubervilliers aux Quatre-Chemins, des Quatre-Chemins à la porte de la Villette, de la porte de la Villette à la gare de l'Est et à la place de la République.

60. De l'église de Pantin aux Quatre-Chemins.

61. Du Cimetière parisien aux Quatre-Chemins.

62. De Pantin à la porte de Pantin, de la porte de Pantin à la gare de l'Est et à la place de la République.

63. De la porte d'Allemagne à la mairie de Pantin, de la mairie de Pantin au Cimetière parisien.

64. D'Aubervilliers au bureau de l'octroi de Saint-Denis et à Saint-Denis.

65. D'Aubervilliers à la rue des Gardariaux, de la rue des Gardariaux à la porte d'Aubervilliers, de la porte d'Aubervilliers à la gare du Nord, de la gare du Nord à l'Opéra.

66. Neuilly (Porte-Maillot) à Bezons et Maisons-Laffitte.

67. Neuilly (Porte-Maillot) à Colombes, Argenteuil, Bezons (quai).

68. D'Enghien à la Trinité.

69. De la porte de Clignancourt à Pierrefitte.

70. De la porte de Clignancourt à Saint-Denis.

TRAMWAYS (Compagnie de l'Est-Parisien)

De l'Opéra à la place Gambetta, à la Barrière, aux Lilas, à Romainville, à Noisy-le-Sec et à Bondy.

De l'Opéra à la place Gambetta, à la Barrière, à la place de la République ; à la rue de la Solidarité, de Montreuil à Fontenay (gare).

De l'Opéra à l'avenue Parmentier, à la Barrière, à Pantin, à Bobigny, à Noisy-le-Sec, au Raincy.

De l'Opéra au boulevard Ménilmontant, de la Barrière à Bagnolet.

De la Concorde à la Bastille, à la Barrière, aux Lilas, à Noisy-le-Sec, à la gare de Gargan.

Du pont de la Concorde à Bagnolet (Mairie).

Du pont de la Concorde à Bauménil.

Du pont de la Concorde à Vitry.

TRAMWAYS (Compagnie de l'Ouest-Parisien)

De Billancourt au Champ-de-Mars.

De Chatenay au Champ-de-Mars.

CHEMIN DE FER MÉTROPOLITAIN

Ligne nº 1

Vincennes-Porte-Maillot

Porte de Vincennes, Nation, Reuilly, Lyon, Bastille, Saint-Paul, Hôtel de Ville, Châtelet, Louvre, Palais-Royal, Tuileries, Concorde, Champs-Élysées, Marbœuf, Alma, Étoile, Obligado, Porte Maillot.

Ligne nº 2

Place de la Nation-Porte-Dauphine

Place de la Nation, Avron, Bagnolet, Philippe-Auguste, Père-Lachaise, Ménilmontant, Couronnes, Belleville, Combat,

Allemagne, Aubervilliers, Chapelle, Barbès-Rochechouart, Anvers, Pigalle, Blanche, Clichy, Rome, Villiers, Monceau, Courcelles, Ternes, Etoile, Victor-Hugo, Porte Dauphine.

Ligne n° 3

Place Gambetta-Porte-Champerret

Place Gambetta, Martin-Nadaud, Père-Lachaise, Saint-Maur, Parmentier, République, Temple, Arts-et-Métiers, Réaumur-Sébastopol, Sentier, Bourse, Quatre-Septembre, Opéra, Caumartin, Saint-Lazare, Europe, avenue de Villiers, Malesherbes, Pereire, Porte de Champerret.

Ligne n° 4

Porte de Clignancourt-Porte d'Orléans

Porte de Clignancourt, Simplon, Marcadet, Château-Rouge, Barbès-Rochechouart, gare du Nord, gare de l'Est, Château-d'Eau, Saint-Denis, Réaumur-Sébastopol, Etienne-Marcel, Halles, Châtelet, Cité, Saint-Michel, Odéon, Saint-Germain-des-Prés, Saint-Sulpice, Vaugirard, Montparnasse, Vavin, Raspail, Denfert-Rochereau, Mouton-Duvernet, Alésia, Porte d'Orléans.

Ligne n° 5

Gare du Nord-Place de l'Étoile.

Gare du Nord, gare de l'Est, Lancry, République, Oberkampf Richard-Lenoir, Bréguet-Sabin, Bastille, Arsenal, Austerlitz, Orléans, Saint-Marcel, Campo-Formio, Italie, Corvisart, la Glacière, Saint-Jacques, Denfert-Rochereau, Raspail, Edgard-Quinet, Place du Maine, Pasteur, Sèvres, Cambronne, la Motte-Piquet, Dupleix, Grenelle, Passy, Trocadéro, Boissière, Kléber, place de l'Étoile.

Ligne n° 6

Place de la Nation-Italie.

Place de la Nation, Saint-Mandé, Bel-Air, Daumesnil, Charenton, Bercy, gare, Chevaleret, Nationale, Italie.

Ligne n° 7-7 *bis*

Porte de la Villette-Opéra

Porte de la Villette, Flandre, Crimée, Riquet, boulevard de la Villette, rue Louis-Blanc, Château-Landon, gare de l'Est, Poissonnière, Cadet, Pelletier, Chaussée-d'Antin, place de l'Opéra.

Ligne n° 7

Rue Louis-Blanc-Place du Danube

Louis-Blanc, Allemagne, Bolivar, Buttes-Chaumont, Crimée, place des Fêtes, porte du Pré-Saint-Gervais, place du Danube.

Il convient d'ajouter que la construction de la ligne métropolitaine, n° 8 (Auteuil-Opéra) est terminée et mise en exploitation.

En ce qui concerne la ligne qui, partant des Invalides et passant sous la Seine à la Concorde, reviendra aux Invalides sur la rive gauche, on a mis à l'étude un projet de terminus en boucle conçu sur le même plan que celui du terminus n° 8, à Auteuil et qui emprunterait les voies du quartier du Gros-Caillou.

Enfin une proposition de MM. Lemarchand et Petit-Jean tend à la continuation d'une ligne circulaire métropolitaine dans les fossés des fortifications et au prolongement des lignes métropolitaines jusqu'aux cimetières parisiens.

CHEMIN DE FER NORD-SUD DE PARIS

Porte de Versailles. — Place Jules Joffrin

Porte de Versailles, Convention, place de Vaugirard, Volontaires, Pasteur, Falguière, Montparnasse, Notre-Dame-des-Champs, Rennes, Sèvres, Bac, Solférino, Chambre des Députés, Concorde, Madeleine, Saint-Lazare, Trinité, Notre-Dame de Lorette, Saint-Georges, Pigalle, Abbesses, Lamarck, place Jules Joffrin.

Saint-Lazare. — Porte de Saint-Ouen. — Porte de Clichy. —

Saint-Lazare, Berlin, place Clichy, la Fourche, Marcadet, porte de Saint-Ouen, Brochant, porte de Clichy.

A cette nomenclature, il y a lieu d'ajouter divers éléments. La Compagnie générale des Bateaux parisiens assure la circulation sur la Seine dans la traversée de Paris[1].

Le chemin de fer de Ceinture, dont l'exécution a été poursuivie par tronçons successifs[2], répondit surtout à des préoccupations d'ordre militaire. On pensait que « l'enceinte fortifiée n'atteindrait son but que le jour où tous les points en seraient reliés par une voie de communication permettant de faire circuler rapidement sur son immense périmètre des masses de

1. Dès le moyen âge, il y eut sur la Seine des passeurs. Mais ce n'est qu'en 1837 qu'on trouve un service organisé. La Compagnie générale des Bateaux à vapeur, de Paris à Saint-Cloud : Lors de l'exposition universelle de 1867, la Compagnie française de Lyon, déjà chargée d'un service analogue sur le Rhône, obtint une concession. En 1876, fut fondée la Compagnie des Hirondelles parisiennes et en 1885 celle des Bateaux-express. Ces diverses Compagnies fusionnèrent, en 1889, sous le nom de « Compagnie générale des Bateaux parisiens ».

2. Une première section, dite de la rive droite, fut concédée en 1851 au consortium des cinq grandes Compagnies en vue de servir au transport des marchandises d'un réseau à l'autre. En 1862 fut inauguré un service de voyageurs. A la fin du second Empire, on y ajouta le chemin de fer dit d'Auteuil et l'établissement d'une section qui soudait ce dernier à la ligne de 1851 en longeant la périphérie des arrondissements de la rive gauche.

forces considérables ; or, le chemin de fer de Ceinture, placé
sur tout son parcours à l'intérieur des fortifications, remplit à
souhait cette condition. »[1] La ligne de Ceinture ne jouera bientôt plus ce rôle, désormais inutile, puisque les fortifications de
Paris vont être supprimées[2].

Enfin, il y a lieu de tenir compte, dans l'inventaire de l'outillage des transports, des chemins de fer pénétrant à l'intérieur
de Paris, (Nord, Est, P. L. M., Orléans, Ouest-État, État) et
qui permettent une circulation sur une longueur de 37 kilomètres.

PERFECTIONNEMENTS

Non moins qu'à cette évolution des transports en commun et
à la variété actuelle des moyens de locomotion mis à la disposition du public, il y a lieu de s'attacher aux perfectionnements réalisés. On peut constater, à l'époque récente, des
améliorations très importantes dans l'industrie des transports
parisiens. Parmi celles-ci, il convient de mentionner d'abord la
substitution des omnibus automobiles aux omnibus à chevaux.
L'article 2 de la convention relative aux omnibus a posé, en
effet, le principe que toutes les voitures devaient être à moteur
mécanique, sauf exception autorisée par la ville de Paris.
Aujourd'hui, la transformation est complètement effectuée et
l'omnibus à cheval paraît déjà une antiquité qui a été rejoindre
les vieux carrosses publics. En même temps, le type des autobus
a été lui-même transformé ; il est devenu plus léger et moins

1. *Paris-Nouveau*, édition de l'*Illustration*, p. 206.

2. Le 16 décembre 1912 furent signées deux conventions : l'une par le
ministre des Finances et le préfet de la Seine au sujet du déclassement des
fortifications et de l'annexion à Paris de la Zone militaire, l'autre par les
ministres de la Guerre et des Finances et le préfet de la Seine concernant
le desserrement et le remaniement des casernements *intra-muros*. Ces deux
conventions ont été soumises au Conseil municipal et au Conseil général de
la Seine qui les ont adoptées dans leurs séances respectives des 3 et 6 janvier 1913. Nous aurons l'occasion, au cours de cette étude, de revenir sur
ce sujet.

trépidant. Les impériales ont été supprimées dans le nouvel
aménagement des autobus et des tramways.

Les tramways sont tous aussi à traction mécanique, et,
notamment, à traction électrique. En ce qui concerne cette
dernière, deux systèmes sont employés : celui du trolley et
celui du caniveau.

La zone du trolley est vaste, mais peut-être pas assez. On ne
comprend guère l'hostilité déployée systématiquement contre
ce procédé et nous partageons entièrement sur ce point
l'opinion si autorisée de M. Colson qui s'exprime de la
manière suivante [1] :

« En ce qui concerne l'établissement du trolley, on a
maintenu les clauses d'exclusion dans une zone sensiblement
plus étendue que celle qu'avait indiquée le ministre. Il faudra
donc réaliser, sur la plus grande partie du réseau, la traction
électrique dans le système très coûteux du caniveau. Ici encore,
nous ne comprenons pas l'hostilité aveugle déployée contre les
fils aériens. Le visiteur parcourant une cité artistique ne la
remarque même pas dans la plupart des cas, quand il en est
usé avec discrétion ; nous en avons fait l'expérience sur bien
des voyageurs dans les villes étrangères. Qu'on interdise le
trolley dans les grandes artères centrales, à la traversée des
places monumentales, rien de mieux. Mais il est bien singulier
que la municipalité, qui ne trouve pas les ressources nécessaires pour améliorer l'état honteux des rues de Paris au point
de vue de la propreté et de l'entretien, impose de pareilles
charges à son concessionnaire afin de donner satisfaction à un
simple préjugé. Nous croyons être le vrai défenseur de la beauté
de Paris en demandant que, si les compagnies peuvent sup-
porter des charges aussi lourdes, on substitue à ses dépenses
purement frustratoires une augmentation des redevances déjà
considérables qui leur sont imposées, sous le nom de concours
à l'entretien des voies empruntées et de droits de stationnement —

1. Colson, *la Réorganisation des transports à Paris* (*Revue politique et
parlementaire*, novembre 1900).

pourvu que cette augmentation serve à améliorer l'état des voies
publiques dans Paris. »

Nous ne saurions laisser cette question des progrès de
l'industrie des transports parisiens sans avoir parlé de cette
autre question — si intéressante et si à l'ordre du jour — de
l'électrification des voies ferrées.

L'électrification intéresse, en effet, de très près le transport en
banlieue, ainsi que nous allons le voir après avoir donné
quelques renseignements indispensables en cette matière.

Ce n'est guère que dans les trois ou quatre années qui ont
précédé 1900 qu'on a songé à étendre aux métropolitains et aux
lignes de banlieue des grandes villes la traction électrique et
c'est surtout depuis une dizaine d'années que le mouvement a
pris de l'ampleur [1].

La traction électrique a commencé par être appliquée aux
tramways et c'est des tramways qu'elle a été étendue aux
chemins de fer. Vers 1895, la Compagnie du Baltimore and
Ohio Railroad a adopté la traction électrique sur la ligne qui
donne accès à sa gare de Baltimore. En 1898, les chemins de
fer suisses ont électrifié 40 kilomètres de ligne, entre Burgdof
et Thoune. En 1901, deux lignes électriques, de plus de
100 kilomètres chacune, furent mises en exploitation dans le
nord de l'Italie. En 1902 et 1903, des expériences de traction
à très grande vitesse furent faites, en Allemagne, sur la ligne
militaire de Berlin à Zossen. De 1903 à 1905, la ligne de
Liverpool à Crossens, la banlieue de Newcastle, et le chemin de
fer de la Mersey (Liverpool) étaient à leur tour électrifiés. Après
1905, la traction électrique se répand rapidement et est adoptée
sur les grandes voies ferrées suivantes : banlieue du Long Island
près de New-York ; ligne de Philadelphie à Atlantic City
(105 kilomètres) ; tunnel du Simplon ; voies du New-York
central and Hudson River Railroad (48 kilomètres) et du

---

1. *L'Économiste français*, 22 avril 1899 et 13 avril 1912. — *Bulletin de la
Société d'encouragement pour l'industrie nationale*, mars et mai 1911.

« Spokane and Inland Railroad (217 kilomètres) ; tunnel de Sarnia (Ontario) ; tunnel de la Cascade (État de Washington) ; ligne de Pensylvania Railroad, aux abords de New-York, etc.

En France, dès avant 1900, les Compagnies de l'Orléans et de l'Ouest projetaient d'électrifier : la première, sa ligne souterraine d'Austerlitz à la nouvelle gare du quai d'Orsay ; la seconde, la ligne des Invalides à Versailles qui comporte un tunnel de plus de 3 kilomètres et une gare souterraine. Depuis lors, non seulement ces projets ont été réalisés, mais la Compagnie d'Orléans a élargi le premier en installant la traction électrique jusqu'à Juvisy pour les trains de banlieue et l'État, qui a pris la suite de la Compagnie de l'Ouest, établit la traction électrique sur les lignes de Paris à Auteuil ; de Paris à Versailles avec embranchement sur l'Étang-la-Ville et les Moulineaux ; de Paris à Saint-Germain et à Argenteuil.

Pour assurer la traction électrique sur les voies ferrées on a le choix entre deux espèces de courant, le courant continu à basse ou à haute tension, le courant alternatif, monophasé, biphasé ou triphasé, à haute ou basse tension.

La Compagnie d'Orléans a adopté le courant continu.

La traction électrique s'étend, sur 24 kilomètres, jusqu'à Juvisy, pour les trains de banlieue. Les trains des grandes lignes échangent leur locomotive électrique pour une locomotive à à Austerlitz. Sur la ligne de Paris-Invalides à Versailles, soit vapeur 17 km. 500, chaque locomotive est formée d'un fourgon monté sur deux boggies à deux essieux. Sur les lignes qui partent de la gare Saint-Lazare, c'est aussi du courant continu qu'on se sert. La Compagnie du Midi, qui commence à utiliser la traction électrique sur certaines de ses lignes de la région pyrénéenne, a choisi le système monophasé. Chacun des systèmes a ses partisans et ses adversaires. Il semble qu'ils doivent chacun trouver leur application suivant les cas.

Les avantages de la traction électrique sont très nombreux. Les uns ont trait aux facilités de l'exploitation ; les autres sont d'ordre proprement économique.

En premier lieu, il faut signaler parmi les bienfaits de l'électrification, l'accroissement de la vitesse moyenne et la possibilité de proportionner les trains à l'intensité du trafic.

Sur une ligne à trafic intense et à arrêts rapprochés, la vitesse moyenne dépend surtout de la rapidité des mises en marche. Les démarrages rapides exigent un effort de traction considérable, et, comme la valeur de ce dernier est limitée par l'adhérence si elle ne l'est pas par la puissance des moteurs, il faut qu'une notable fraction du poids total du train soit utilisée comme poids adhérent. La traction électrique permet d'atteindre ce but, car, avec elle, on peut utiliser comme poids adhérent le poids du convoi lui-même, en totalité ou en partie ; il suffit d'employer le système des automotrices, c'est-à-dire de placer sur chaque voiture les moteurs nécessaires à sa propre propulsion. Comme une augmentation de vitesse moyenne accroît la capacité des voies, on voit l'intérêt de la transformation. Ce point est d'autant plus important que l'encombrement des voies par l'augmentation continue du trafic est l'un des embarras les plus graves de l'exploitation des chemins de fer.

De plus, la variation du trafic durant la journée est un argument de premier ordre en faveur de l'électrification des lignes de banlieue.

Sur ces lignes le trafic voyageurs est, à certaines heures, d'une intensité considérable. Or, il est possible, avec l'électrification, de proportionner les trains à l'intensité de ce trafic. M. de Valbreuze, dans une étude très documentée sur ce sujet [1], signale la possibilité d'adopter, sur les lignes électrifiées, des méthodes rationnelles d'exploitation basées sur l'emploi de convois fréquents dans lesquels le nombre des places est proportionné à l'affluence probable des voyageurs. On peut, en effet, modifier à volonté la composition des trains, chaque voiture automotrice constituant une unité indépendante.

---

1. *Bulletin de la Société d'encouragement pour l'industrie nationale,* mars et mai 1911.

Toutes les voitures automotrices faisant partie d'un train sont d'ailleurs dirigées par le même chef de train qui règle la marche du convoi tout entier par un instrument spécial dénommé le contrôleur.

Ce ne sont pas là les seuls avantages de la traction électrique. Il faut tenir compte aussi de la suppression de la fumée qui permet de rapprocher du centre des villes les gares terminus.

Il y a encore la possibilité d'accroître la capacité des gares sans augmenter leurs dimensions, ce qui est important dans les grandes villes où l'espace est difficile à se procurer ou ne peut l'être que d'une façon coûteuse. « Avec la traction à vapeur, dit M. de Valbreuze, l'arrivée et le départ d'un train donnent lieu à plusieurs manœuvres : le train arrive et s'arrête ; une locomotive vient, en coupant plusieurs voies d'accès, et s'attelle à son extrémité ; le train repart ; la première locomotive sort, en coupant de nouveau les voies d'accès, et va tourner sur une plaque. Les trains électriques à unités multiples, au contraire, sont prêts à repartir aussitôt après leur arrivée : il suffit que le mécanicien change de cabine. L'économie de temps qui résulte de la suppression des manœuvres et des signaux correspondants permet de doubler la capacité de la gare pour le service suburbain, qui est le plus encombrant. » Cet accroissement de la capacité des gares ajouté à celui de la capacité des lignes signalé plus haut peut permettre des améliorations dont voici un aperçu : avec les trains à vapeur, il est impossible de dépasser, sur une ligne à double voie, un débit de 10.000 à 11.000 voyageurs par heure ; avec des trains électriques de huit automotrices, on peut offrir au public 40.000 places par heure.

Tels sont les avantages de la traction électrique, au point de vue des facilités de l'exploitation, sur les lignes de banlieue à trafic intense [1].

---

1. Il est un autre champ d'application de la traction électrique : ce sont les lignes à profil accidenté sur lesquelles circulent des trains très lourds. On peut, avec les locomotives électriques, prévoir sensiblement la même vitesse

Mais il y a un autre point de vue à envisager : c'est celui des avantages économiques. L'électricité peut être fournie par une usine hydro-électrique. Quand cette usine est bien située, il peut y avoir là une économie sensible sur la traction à vapeur. Mais même quand l'énergie électrique est fournie par une usine alimentée au charbon, on constate souvent une économie. L'usine génératrice d'électricité utilise des machines économiques, et on évite le gaspillage de combustible que nécessitent la mise et le maintien en pression des chaudières. D'autre part, l'alimentation en eau des machines à vapeur, problème parfois délicat et coûteux à résoudre, est supprimée. La locomotive électrique a moins besoin de réparations que la machine à vapeur, et peut travailler un plus grand nombre de jours par an. Le parcours quotidien effectué en moyenne par une locomotive à vapeur ne dépasse pas 160 kilomètres, le parcours quotidien effectué par une locomotive électrique est sensiblement plus élevé ; il suffit donc d'un nombre moindre de machines pour assurer le même service, les machines électriques ayant d'ailleurs l'avantage de ne pas avoir besoin d'aller chercher de l'eau et du charbon après un parcours déterminé.

Enfin les locomotives électriques étant plus légères que les locomotives à vapeur de puissance équivalente, il en résulte une réduction du poids mort remorqué.

De ce qui précède, faut-il conclure que la traction électrique va, dans un cours délai, remplacer sur toutes les lignes la traction à vapeur ? Il ne le semble pas. Car, dans le cas d'une transformation, il faut supputer si l'essor que prendra la ligne pourra rémunérer le capital consacré à l'opération, laquelle ne laisse pas d'être coûteuse en tant qu'installation. Il conviendra de voir si l'opération paiera, et, dans ce calcul, les circons-

-de marche sur tous les profils, alors que les locomotives à vapeur sont obligées de ralentir en rampe. Il y a encore là une possibilité d'accroître la capacité de rendement d'une ligne. Comme les lignes à profil accidenté sont souvent dans des régions riches en chutes d'eau où il est facile de produire l'électricité dans de bonnes conditions, il n'est pas étonnant qu'on pense à généraliser la traction électrique dans les pays de montagnes.

tances de fait domineront la question. D'ailleurs il est un point sur lequel on insiste justement : c'est la vulnérabilité assez grande d'une ligne électrique en temps de guerre ou de révolution. Il sera plus facile d'arrêter toute circulation sur une ligne électrique que sur une ligne à vapeur. Quelques coups portés aux bons endroits suffiront pour paralyser tout un réseau, toute une partie d'un pays. Quoi qu'il en soit, l'électrification des voies ferrées paraît appelée à un brillant avenir.

Si nous avons quelque peu insisté sur cette intéressante question de l'électrification, c'est afin de noter les rapports qu'elle présente avec le problème des transports en commun dans la capitale et sa banlieue. Nous avons vu que l'électrification présente des avantages considérables sur les lignes de banlieue, qui sont à trafic intense et à arrêts rapprochés, en permettant la rapidité des mises en marche, et, d'autre part, en fournissant le moyen de proportionner les trains à l'intensité du trafic variable suivant les heures.

CHAPITRE II

L'EXPLOITATION

En 1910 les concessions des plus importantes compagnies devaient prendre fin. Depuis longtemps on avait prévu cette échéance. Une commission spéciale avait été instituée, en 1904, par le ministre des Travaux publics, en vue de l'élaboration d'un projet de réorganisation générale des omnibus et tramways. Le Conseil municipal de Paris, de son côté, s'était inquiété des bases à donner à cette réorganisation. Celle-ci fut accomplie après échange de vues entre les représentants de la Ville, le Conseil général et les pouvoirs publics.

La réforme fut gouvernée par les lignes directrices suivantes :

1° Les transports à la surface ne perdaient rien de leur utilité en présence de la circulation souterraine. Londres et Berlin ont un réseau important d'omnibus et de tramways superposé à leur métropolitain. Il devait en être de même à Paris. Car les besoins de circulation d'une ville croissent, non seulement avec l'augmentation de sa population, mais avec la multiplication même des procédés de transport ;

2° Il n'y avait pas lieu de municipaliser le service des transports en commun dans Paris, mais il était opportun de s'en tenir au système traditionnel de la concession ;

3° Il convenait de réglementer minutieusement les conditions nouvelles de l'exploitation. Cette réglementation porta sur les points suivants : remaniement des réseaux de tramways, construction de nouvelles lignes ; substitution de l'omnibus automobile ou autobus à l'omnibus à chevaux ; application générale de la traction électrique par caniveau souterrain ou par trolley ; dispositions tendant à assurer la rapidité, la commodité et la sécurité des transports ainsi que la modicité des prix.

C'est sous l'empire de toutes ces considérations que la Compagnie générale des Omnibus obtient, en 1910, la concession du service public des omnibus jusqu'en 1950 et la rétrocession du réseau municipal de tramways [1].

Nous nous occuperons d'abord, dans ce chapitre, du principe économique de la concession, qui a triomphé lors de la réorganisation du système de la régie des transports.

Puis nous parlerons des conditions de l'exploitation.

Le principe de la concession

Le service des transports en commun, de même que tous les services d'utilité publique, peuvent être organisés suivant l'un ou l'autre des trois modes suivants : la concession, la régie directe, la régie intéressée.

Dans le système de la concession, une commune confie l'établissement et l'exploitation du service à un entrepreneur privé, individu ou société, qui s'appelle le concessionnaire. Celui-ci, en échange du droit qui lui est délégué de percevoir sur les particuliers des taxes ou des redevances, s'engage à organiser le service et à verser à la ville soit une part de ses bénéfices, soit une somme fixe annuelle. La concession est essentiellement temporaire. Elle est généralement octroyée pour une période qui varie de trente-cinq à cinquante ans et à l'expiration de laquelle le service et son outillage doivent être remis à l'autorité.

---

1. Voir le texte intégral de ces deux conventions de concession, annexées au décret du 31 mai 1910, dans *le Journal officiel* du 1ᵉʳ juin 1910, p. 4727.

Dans le système de la régie directe, la ville demeure là maîtresse absolue de l'entreprise. Elle procède elle-même aux installations nécessaires, puis elle assure le fonctionnement du service au moyen de ses propres agents et employés rémunérés par des salaires et des traitements fixes. La ville, propriétaire de l'outillage, percevant tous les bénéfices, assumant tous les aléas de l'exploitation, gère le service en toute liberté, sous la seule réserve de la nécessité de l'homologation par l'autorité supérieure des taxes et redevances à percevoir sur les particuliers.

Quant à la régie intéressée, elle constitue en quelque sorte un régime intermédiaire entre les deux précédents, en ce sens que la gestion du service est partagée entre la ville et un régisseur, individu ou société, qui se charge de l'exploitation. La ville est maîtresse des tarifs et supporte les risques ; les droits du régisseur peuvent être établis de différentes manières ; tantôt il reçoit une rémunération fixe et un intérêt dans les bénéfices ou les recettes, tantôt il lui est garanti un intérêt minimum auquel vient s'ajouter un intérêt supplémentaire calculé au prorata de divers éléments, tels que recettes, bénéfices, prix de vente.

Lorsque fut discutée la réorganisation des omnibus et tramways, le conseil municipal ne retint pas longtemps sur son tapis le point de savoir si les transports en commun seraient concédés comme par le passé ou exploités en régie. Ce n'était point que l'assemblée fût, *a priori*, hostile au principe de la municipalisation. Mais elle se décida sans grand effort pour la concession en se basant sur des motifs d'opportunité. Certaines Compagnies d'omnibus et de tramways venaient de traverser des crises pénibles et la Ville redoutait une aventure qui pourrait lui en faire éprouver de semblables.

La pensée de la grande majorité du Conseil nous paraît avoir été très justement et très simplement traduite par M. le conseiller Duval-Arnauld dans son rapport de 1907 sur la concession des omnibus. Il s'exprimait ainsi :

« Aux yeux de ceux qui ne font pas de la régie directe une
question de principe économique, qui entendent examiner par
espèce les applications qui peuvent être faites, la régie directe
des omnibus constituerait une expérience particulièrement défa-
vorable et dangereuse. L'industrie des transports en commun
par tramways et surtout par omnibus vient de traverser
pour des causes diverses, des années difficiles et son outillage
est en pleine transformation ; les besoins auxquels elle doit
satisfaire subissent une évolution dont nous ne voyons pas
encore le terme. La ville ne saurait courir les risques d'une telle
entreprise, risques considérables avec la complexité, la lenteur,
la rigidité de notre système administratif. Ces risques s'atté-
nuent, au contraire, et même, nous en avons la conviction,
sont compensés par des chances beaucoup plus probables de
vitalité et de prospérité, si l'exploitation peut, avec un large
esprit d'initiative, user des méthodes commerciales, aujour-
d'hui de plus en plus rapides et de plus en plus simples. »
M. le conseiller Duval-Arnauld insistait encore sur ces considérations dans sa réponse au discours d'un conseiller socialiste
qui avait préconisé la régie. « Les transports en commun sont
en pleine période de transformation.

Cela est l'évidence même pour les omnibus, cela est également vrai pour les tramways ; la traction mécanique n'est pas
encore substituée à la traction animale sur toutes les lignes.
Même pour les tramways à traction mécanique, on reconnaît
la nécessité d'une nouvelle transformation pour substituer la
traction électrique à la traction à vapeur ou à air comprimé.
Il y a là de gros capitaux à engager, je n'ose pas dire à aven-
turer. Ce n'est pas à nous de le faire. »

En écoutant ces conseils, les représentants de la ville ont certainement fait acte de prudence. Mais la question de savoir s'il
serait bon pour la collectivité, dans l'avenir et d'une manière
générale, que les transports en commun fussent soumis au
régime de la régie, ne perd pas, malgré cela, de son intérêt.
Une étude économique sur les transports dans la capitale offrirait

une grave lacune, si elle faisait abstraction de ce problème.

Qu'on n'oublie pas, d'ailleurs, qu'en accordant la concession en 1910, l'autorité s'est formellement réservée la faculté de rachat. Suivant l'article 19 du cahier des charges, les tramways peuvent être rachetés à toute époque, sous des modalités diffé-rentes, suivant que l'autorité revendiquerait son droit avant ou après l'expiration des quinze premières années de la concession. D'autre part, l'article 17 de la convention relative aux omnibus, dispose qu'à partir de la dixième année, la ville aura le droit de racheter la concession, à charge pour elle de prévenir le concessionnaire une année à l'avance.

Dès lors l'économiste peut toujours se demander s'il est souhaitable, dans l'intérêt général, que la ville use de sa faculté de rachat et se livre elle-même, par ses propres moyens, à l'exploitation des transports en commun.

Sans avoir l'intention d'étudier ici d'une manière approfondie le municipalisme, nous devons néanmoins lui consacrer quelques développements.

M. Bourguin[1] remarquait que « les villes modernes, plus libres dans leurs allures, se montrent aussi plus entreprenantes que l'État ». C'est un fait que, depuis quelque vingt ans, on constate, dans l'Europe et aux États-Unis, un mouvement très marqué vers la régie municipale d'un domaine industriel de plus en plus large.

C'est en Angleterre que le municipalisme a pris naissance et a fait le plus de progrès[2]. Son action s'est d'abord développée à Birmingham, sous l'administration de Chamberlain, à partir de 1874, puis à Glasgow, à Leeds, à Liverpool et Glasgow, la muni-cipalité a construit des quartiers entiers de maisons ouvrières, éta-bli des bains, des blanchisseries, des abattoirs, des bibliothèques,

<hr>

1. *Les Systèmes socialistes de l'évolution économique*, p. 296.
2. Albert Gigot, *le Socialisme municipal en Angleterre*. 1904. — G. Nève, *l'Administration d'une grande ville : Londres*, 1904. — Émile Bouvier, *les Régies municipales*, 1910. — Henry Clément, *le Municipalisme* (*Réforme sociale*, août 1912).

des écoles industrielles, tout cela avec les bénéfices ou les prétendus bénéfices réalisés par la régie du gaz, des tramways, de l'eau, de la lumière et de la force électrique. A Londres, les slums de Whitechapel et de l'East-End ont été transformés ; on a exécuté des travaux de toute nature au compte de la ville. Les communes anglaises sont devenues imprimeurs, menuisiers, brasseurs ; elles vendent du savon et des appareils de chauffage, des briques, des vêtements ; elles exploitent des docks, des canaux, des hôtels, des bains ; elles ont des parcs payants, des marchés publics ; elles vendent des denrées alimentaires, de l'huile, de la glace, des fruits, des fleurs, des légumes, des huîtres, des animaux de boucherie ; elles exploitent des laiteries, des champs de course, des casinos et des stations de bains de mer ; elles vendent des pavés ainsi que les matières qui proviennent de l'incinération des immondices ; elles se transforment en compagnies d'assurances. Certaines communes s'associent pour exploiter ensemble la même entreprise. C'est ainsi que les villes de Sheffield, Leicester, Derby, Nottingham sont approvisionnées d'eau par la même compagnie qu'elles ont fondée. La commune de Liverpool fournit l'eau et celle de Southport le gaz aux communes voisines. Manchester fournit l'eau et la lumière à toutes celles de la région ; elle prolonge sur onze communes ses entreprises de tramways.

De semblables associations de communes existent d'ailleurs un peu partout. En Belgique, il existe depuis 1907 une compagnie intercommunale des eaux de la région bruxelloise présentant ce caractère éminemment municipaliste que dix communes en sont les principaux actionnaires. Genève et Plainpalais sont associés pour la force motrice, ainsi que dix-sept autres communes voisines pour l'éclairage, et ainsi que Zurich et Nongg pour les tramways. En Allemagne, Berlin et Remschied possèdent presque toutes les actions de leurs compagnies de tramways.

Il existe des pharmacies, des boulangeries, des boucheries municipales en Italie, en Portugal, en Angleterre. En Allemagne, où le socialisme d'État progresse d'une façon remarquable, le municipalisme n'est guère développé. Cependant les villes allemandes ont fondé des bibliothèques, des caisses d'assurances, des bureaux de placement. En France, le municipalisme est moins avancé. Sans doute les municipalités ont fixé un salaire minimum dans les entreprises de travaux municipaux, établi des séries de prix, créé ou subventionné des bourses du travail, mais ce sont là moins des œuvres de municipalisme proprement dit, que des applications de socialisme général. Le minime progrès des pratiques municipalistes dans notre pays doit être attribué en grande partie à l'opposition formelle qui résulte de la jurisprudence du Conseil d'État[1]. Cette jurisprudence a interdit le tramway municipal à Paris, le gaz municipal à Tourcoing, la boulangerie municipale à Poitiers, la pharmacie municipale à Roubaix, la médecine municipale à Olmeto. Sans doute un certain nombre de régies existent en vertu de la volonté expresse du législateur. Mais la règle générale de notre droit est, ainsi que l'a reconnu le Conseil d'État, l'inaptitude juridique des communes à la fonction industrielle et c'est seulement par application de lois particulières dérogatoires au droit commun que les municipalités ont pu être habilitées à l'exercice de certaines industries. Sous les auspices de lois spéciales, les communes ont été admises à établir des marchés, des abattoirs, des caisses d'épargne, des monts-de-piété, des bains, des lavoirs. des fours crématoires, des bureaux de placements ; à ces lois il faut ajouter celles qui ont autorisé des emprunts nettement municipalistes, par exemple la loi du 30 juillet 1880 autorisant l'exploitation directe du gaz à Tourcoing, auparavant repoussée par le Conseil d'État. et la loi du 30 juillet 1885 autorisant la régie du funiculaire de Langres. A part les cas où le Conseil d'État est obligé de s'incliner devant de telles lois exceptionnelles, il ne

---

1. *Le Municipalisme devant le Conseil d'État*, par Pierre Mimin (*Réforme sociale*, août 1912). — Du même auteur. *le Socialisme municipal devant le Conseil d'État* publié en 1911 par la librairie du Recueil Sirey.

cesse de proclamer que les opérations d'ordre économique ne rentrent pas dans les attributions des corps municipaux [1]. Cette rigueur jurisprudentielle, dont nous n'avons pas à apprécier ici le bien fondé au point de vue juridique, explique que les municipalités françaises soient restées, pour la plupart, à l'écart du mouvement municipaliste.

On peut constater qu'à Paris l'esprit municipaliste a presque entièrement disparu depuis plusieurs années. Nous n'en voulons pour preuve que l'attitude de la Bourse de commerce et du Conseil municipal parisiens en présence du projet gouvernemental, récemment déposé à la Chambre. Ce projet a pour but de donner aux communes la faculté de participer directement ou indirectement à des entreprises de boucherie et de boulangerie, la régie intéressée de ces entreprises est présentée comme devant avoir une action régulatrice des industries privées similaires. Or la Bourse du commerce de Paris a protesté contre ce projet « conçu, dit-elle, en violation des principes du droit public qui assurent la liberté du commerce et de la concurrence ; ce projet, ruineux pour les finances de la commune, ajoute-t-elle, fausserait le principe normal des échanges entre producteurs, négociants et consommateurs ; il constituerait, sans indemnité pour ses victimes et sans profit pour qui que ce soit, une véritable expropriation des bouchers et des boulangers ». De son côté le Conseil municipal de Paris a émis le vœu « qu'aucune loi ne favorise la création de coopératives municipales ».

1. La Haute assemblée considère la municipalisation comme licite dans le seul cas où la sécurité générale contraint la collectivité à s'armer de pouvoirs extraordinaires. C'est ainsi qu'en 1896, dans l'affaire Bonnardot, le Conseil a toléré la création d'un poste de médecin municipal à Aizeray (Côte-d'Or), par ce motif que les habitants s'y trouvaient privés de soins. C'est encore ainsi qu'en 1900, repoussant la régie des vidanges de Lille, le Conseil a pourtant réservé l'hypothèse où il serait pratiquement impossible d'assurer par tout autre moyen l'évacuation des matières usées. Exceptionnellement encore le Conseil a autorisé quelques villes à assurer, par la régie directe, l'alimentation en eau potable ou même l'éclairage par cette raison que les circonstances économiques ne permettaient qu'à elles seules de réaliser pratiquement les opérations nécessaires.

En somme, si nous laissons de côté, pour l'instant, les transports auxquels nous nous attacherons spécialement un peu plus loin, le tableau suivant fournira quelques données sur la situation actuelle des institutions municipalistes dans les principaux pays [1].

Eaux. — Le service des eaux est actuellement monopolisé en Angleterre dans 1.045 villes. En France, il l'est dans les deux tiers des villes de plus de 5.000 habitants; en Allemagne, dans 36 villes de plus de 50.000 habitants ; en Italie dans 140 villes ; en Belgique, dans 900 ; aux États-Unis, dans plus de 2.000 ; au Canada, dans 110 villes sur 144.

Éclairage. — En Angleterre, 265 villes avaient municipalisé, en 1907, l'éclairage au gaz, et 244 villes l'éclairage électrique, soit au total 509, contre 482 qui s'en étaient remises à des entreprises privées.

En Allemagne, il y avait déjà 357 régies directes du gaz en 1904 ; actuellement il y en a plus du double.

En Belgique, la municipalisation de l'éclairage existait dans 11 villes importantes en 1906.

En Suisse, presque toutes les communes ont adopté ce système.

De même, en Danemark, où il existe dans 27 villes sur 36.

Diverses grandes villes d'Europe, Vienne, Amsterdam, Stockholm, La Haye sont dans le même cas. En France, ce genre de régie n'existait pas encore en 1910.

Tramways. — Voir les explications données au texte.

Autres entreprises. — Les entreprises de maisons ouvrières se sont développées d'une façon colossale en Angleterre, en Allemagne et en Belgique.

Voyons, à présent, où en est la régie des transports en commun.

1. Emile Bouvier, *les Régies municipales.*

D'après M. Bourguin, le processus de la municipalisation est le suivant : le premier service municipalisé est celui de la distribution des eaux, puis vient celui des entreprises d'éclairage, en commençant par le gaz et en continuant par l'électricité ; c'est seulement à la fin qu'on voit le système de la régie s'appliquer aux transports en commun.

Quoi qu'il en soit, voici quelques chiffres.

En Angleterre, il y a 174 réseaux municipaux, le groupe des tramways du sud de Londres, s'étendant sur 110 kilomètres, est exploité par le « County-Council » auquel il appartient.

Aux États-Unis, il y avait, en 1906, 195 réseaux municipaux contre 184 réseaux privés ; ces derniers ont à peu près tous aujourd'hui disparu.

En Allemagne, on comptait, en 1908, 43 réseaux de tramways ou petits chemins de fer municipaux.

Dans une dizaine de villes suisses, et notamment à Bâle, Berne et Genève, nous voyons régner la municipalisation des tramways.

En France, les entreprises municipales de transport en commun sont, jusqu'à présent, peu développées [1].

Pour ne nous occuper que de Paris, une seule et petite expérience a été jusqu'ici tentée. Elle est relative au funiculaire de Belleville. Sur ce modeste terrain le Conseil d'État a manifesté sa résistance habituelle. Le 24 février 1887, il faisait savoir au Conseil municipal, qui réclamait l'exploitation directe de ce chemin de fer, que « l'entreprise, ayant un caractère essentiellement industriel, ne rentre pas dans le cercle des attributions des municipalités ». Cette décision présente en elle-même une importance qu'il n'est pas inutile de souligner. Si une exception semble, en effet, devoir être apportée au principe de l'inaptitude des communes à la fonction industrielle, il semble bien que ce soit en matière de tramways. La loi du 11 juin 1880, relative

---

1. On ne peut même citer, à l'heure actuelle, comme soumis au régime de l'exploitation directe, qu'un réseau de quelques kilomètres à Langres.

On sait aussi que Tunis a racheté ses tramways depuis le 31 décembre 1901.

-aux chemins de fer d'intérêt local et aux tramways, dispose en
-ces termes : « Toute cession totale ou partielle des concessions,
la fusion des concessions ou des administrations, *la substitution
de l'exploitation directe à l'exploitation par concession* etc., ne
pourrait avoir lieu qu'en vertu d'un décret délibéré en Conseil
d'État, rendu sur l'avis conforme du Conseil général, s'il s'agit
de lignes concédées par les départements, ou du Conseil municipal s'il s'agit de lignes concédées par les communes. » Par
ces mots : la substitution de l'exploitation directe à l'exploitation
par concession, le texte n'autorise-t-il pas, comme l'ont pensé
beaucoup de jurisconsultes, la régie des tramways ? Quoi qu'il
en soit, le Conseil d'État, s'en référant aux travaux préparatoires de la loi, a interprété la disposition dont il s'agit dans ce
sens très restrictif qu'elle vise uniquement une régie provisoire
remplaçant une concession expirée en attendant une prochaine
concession. Le Conseil municipal revint à la charge et, par une
délibération du 19 mars 1910, il sollicita pour la ville l'autorisation d'exploiter en régie directe le funiculaire reliant la
place de la République à l'église de Belleville. Cette autorisation
fut accordée à titre provisoire par un décret du 26 mai 1910.
En quels termes apprécierons-nous le municipalisme, particulièrement dans son application aux transports en commun ? Le
municipalisme a ses adversaires et ses partisans.

M. Paul Leroy-Beaulieu le condamne en termes catégo-
riques. « Une des maladies les plus graves et les plus insi-
dieuses qui menacent la civilisation moderne, dit-il, c'est le
socialisme municipal. Il a, depuis un quart de siècle, recruté
un certain nombre d'adhérents parmi les philanthropes irréflé-
chis. Il se présente sous un aspect plus bénin que le pur collectivisme et il n'en est cependant qu'une forme [1]. » M. Gide, au
contraire, dans une conférence faite à l'École des Hautes Études
sociales sur la régie des transports, préconise la municipalisation comme un moyen de réaliser d'abord une réduction à

1. *Le Collectivisme*, 4ᵉ édition, p. 581.

l'extrême, puis l'abolition totale du prix de parcours ; les citoyens jouiraient gratuitement des moyens de transport de même qu'ils usent aujourd'hui, sans subir de perception, des voies publiques dont l'établissement a cependant coûté aux villes d'énormes frais. M. Bourguin [1] estime qu'en se chargeant elles-mêmes de l'exploitation des monopoles d'un caractère essentiellement public, les municipalités visent à perfectionner le service, à améliorer la situation du personnel, à diminuer les tarifs plutôt qu'à réaliser des bénéfices.

Il est d'ailleurs intéressant de remarquer que le municipalisme est diversement apprécié, au point de vue de ses tendances, par ceux-là mêmes qui s'en déclarent partisans. Pour les socialistes purs, il constitue, en attendant le jour des réalisations définitives, une première réforme, partielle mais importante, du mode de production capitaliste. « Le socialisme municipal, dit Bernstein, est un levier indispensable pour la réalisation intégrale du travail humain. » Benoît Malon faisait figurer, dans son programme de réformes immédiates, la remise aux communes de diverses entreprises, et notamment de celles des transports en commun locaux. De même Sidney Webb considérait le municipalisme comme une étape entre la cité actuelle et la cité future. L'idéal socialiste serait en somme la création d'un État au centre pour les grands services publics avec une fédération d'unités économiques qui seraient les communes [2]. Tout autre est la pensée des socialistes conservateurs qui veulent voir dans le municipalisme un moyen d'oppositon au socialisme d'État.

En réalité on peut très bien dissocier l'idée de socialisme et celle de municipalisation des services publics. Il est possible d'écarter tout système qui tendrait à faire de la commune

1. *Les Systèmes socialistes et l'évolution économique*, 3e édition, p. 71.
2. Louis Jaray, *Annales des sciences politiques* 1903 p. 678. — J. Bourdeau, *Revue des Deux-Mondes* 1900 p. 206. — Sidney Webb, *Réforme au London* p. 271. — Tracts nos 90 à 97 du Fabion municipal programme. — Louis Sthélélin, *Essai sur le socialisme municipal*, 1901.

l'unique organe producteur en vue de réaliser l'égalité des conditions et d'admettre néanmoins les communes à exploiter directement, dans l'intérêt général, certains services d'un caractère manifestement public. Théoriquement, il est logique d'accepter, dans une mesure plus ou moins large, le municipalisme pour des considérations d'utilité pratique tout à fait étrangères à la poursuite d'un nouveau régime économique.

Il est beaucoup plus délicat de se prononcer sur le terrain positif.

Les expériences qui ont été faites jusqu'ici sont-elles favorables au municipalisme ou doivent-elles conduire à le rejeter ? Ici encore les réponses sont contradictoires. Peut-être même est-il prématuré d'en formuler.

On peut se placer soit au point de vue de la ville elle-même, soit au point de la collectivité aux besoins de laquelle le service public se propose de pourvoir.

Les villes font-elles une bonne affaire en exploitant en régie directe une entreprise et, particulièrement, une entreprise de transports en commun ? Le côté financier, qui peut sembler secondaire au premier abord, présente en réalité une très grande importance dans la question du municipalisme. Il est bien clair, en effet, que les contribuables n'ont pas envie de payer plus qu'ils ne doivent. D'ailleurs, pour apprécier la valeur économique d'une entreprise, il ne suffit pas de savoir si elle a donné des profits, il faut encore savoir si ces profits sont aussi élevés que possible avec un service satisfaisant. Pour juger complètement la question, il faudrait posséder trois catégories de renseignements : les uns relatifs aux bénéfices réels de l'entreprise, les autres relatifs aux dépenses réelles d'établissement de ces entreprises, d'autres enfin aux dépenses réelles d'exploitation. Or, il est très malaisé de réunir ces trois sortes de documents. D'une enquête poursuivie par |MM. Schelle et Raffalovich dans un grand nombre d'États et qui a fait l'objet d'un rapport à l'Institut international, session de La Haye, en 1911, il résulte que les renseignements publics sur

les entreprises municipales font en général défaut et que,
lorsque ceux-ci existent, ils sont insuffisants [1]. M. Schelle
estime que cette insuffisance tient principalement à ce que la
comptabilité des communes ne se prête pas à l'organisation
d'exploitations industrielles.

En l'absence de documents suffisants, comment pourrait-on
porter un jugement sérieux ?

Des chiffres indiqués on a cependant tiré des arguments. Les
adversaires de la régie ont, par exemple, mis en relief qu'en
Angleterre, sur 58 exploitations municipales de tramways,
13 étaient en perte [2]. Mais on leur a répondu qu'il s'agissait
d'une crise temporaire tenant à des causes spéciales [3]. On a
aussi invoqué l'exemple favorable d'autres villes, spécialement
de Manchester qui a réalisé dans l'exploitation de ses tramways,
pour l'exercice 1907-1908, une recette de 55.000 livres
sterling. A cette constatation, les partisans de la concession ont
objecté que, bien souvent, les bénéfices indiqués sont fictifs
parce que la situation financière n'est pas présentée exactement
et que les villes, dans leurs comptes de gestion, ne font pas inté-
gralement figurer l'amortissement du matériel, les réparations,
les accidents, les avaries quelconques et ne mentionnent pas le
recours à l'impôt nécessaire pour combler les vides ainsi créés.

En Allemagne, en 1897 et dans les années suivantes, on a
pu assister, au sujet des tramways, à des faits dignes d'attention.
Les municipalités voulurent faire profiter les populations des
avantages de la substitution de la traction électrique à la traction
animale dont les tarifs étaient très élevés. Les anciennes concessions de tramways furent rachetées, les villes firent les
fonds de la transformation du mode de traction et organi-

---

1. Voir Gustave Schelle (rapporteur de la commission dont il s'agit) :
communication faite à la réunion annuelle de la Société d'Économie sociale
le 12 juin 1912, sous ce titre : *Le municipalisme et les finances communales*
(*Réforme sociale*, 1912, p. 132 et suiv.).

2. Relevé pris sur *le Municipal Yearbook* de 1906 par Porter, dans son
livre sur *les Dangers du municipalisme*, p. 188.

3. Bouvier, *op. cit.*, p. 156 et suiv.

sèrent des services nouveaux. Quelques-unes conservèrent les anciennes compagnies et les chargèrent de l'exploitation ; d'autres constituèrent des compagnies nouvelles dont elles souscrivirent les actions. Beaucoup d'autres voulurent exploiter elles-mêmes, et, désireuses de donner des satisfactions à leurs habitants, établirent un tarif unique de 10 pfennigs (o fr. 125) quelle que fût la distance à parcourir, avec correspondance gratuite entre les différentes lignes du réseau. Des abonnements mensuels, trimestriels, annuels à prix réduits furent délivrés, ainsi que des cartes hebdomadaires pour les trains ouvriers et des cartes scolaires à l'usage des élèves des écoles. On supposait qu'avec des tarifs très bas, le nombre des voyageurs transportés augmenterait considérablement et que les recettes s'élèveraient en conséquence. Ces prévisions se sont vérifiées, mais, en même temps, les dépenses d'exploitation se sont élevées dans une proportion considérable ; il arriva même souvent que ces dépenses ne purent être couvertes par les recettes.

Les dépenses de transformation avaient du reste donné lieu à de graves mécomptes. A Munich, les prévisions des ingénieurs municipaux furent dépassées de 100 o/o. Quant à l'exploitation, les trains ouvriers entraînèrent des frais considérables et des difficultés occasionnées par la nécessité d'organiser des équipes d'employés à des heures très matinales : le nombre des ouvriers transportés ne dépassa pas d'ailleurs de 5 o/o celui du nombre total des voyageurs.

Les cartes scolaires amenèrent des abus.

Les municipalités qui, dans l'intérêt des contribuables, avaient établi des tarifs suffisamment élevés, par exemple, des tarifs, par section, avec minimum de perception de 10 pfennigs, et maximum de 20 ou 25 pfennigs, firent des opérations fructueuses ; mais, ailleurs, au contraire, le tarif uniforme de 10 pfennigs eut pour conséquence la faillite.

Pour l'année 1902, le produit net n'a pas suffi à rémunérer le capital engagé, non compris les dépenses de rachat des anciennes Compagnies, dans les suivantes, à Dusseldorf, à

Kœnisberg, à Elberfelt, à Oberhausen, de même qu'à Munich et à Berlin. Dans quelques-unes de ces villes, les recettes du trafic n'ont même pas couvert les frais d'exploitation. Il a été très difficile de remédier ensuite à une telle situation.

En ce qui concerne la France, on a soutenu que l'exploitation des tramways par les villes est fatalement condamnée au déficit. M. de Bussy[1] s'est efforcé de démontrer cette sorte de loi d'airain en s'appuyant sur le raisonnement suivant. Les sociétés françaises de tramways servent à leurs obligataires des dividendes de 3,50 ou 4 o/o selon l'importance des réseaux. La rémunération du capital-actions est plus considérable ; elle a été, en moyenne, de 3.07 o/o en 1905 et de 3.37 o/o en 1906. D'autre part, le taux de revient des emprunts municipaux oscille entre 4 et 3,50 o/o. Les villes, si elles construisaient et exploitaient des tramways, devraient donc servir des intérêts supérieurs au rendement de l'entreprise municipalisée ; elles n'ont, par conséquent, aucun intérêt à la municipalisation.

A vrai dire les faits qui précèdent ne sont guère encourageants.

Nous nous abstiendrons toutefois de tout jugement définitif, étant donné l'insuffisance de documentation que nous signalions tout à l'heure.

Faut-il maintenant se tourner du côté du public et se demander s'il est plus avantageux pour lui que les transports en commun obéissent au système de la concession ou à celui de la régie ? On sait que le cheval de bataille des adversaires de la régie est l'inaptitude commerciale des municipalités. *A priori*, cette inaptitude ne semble pas irrémédiable. L'incompétence des administrateurs ne doit pas non plus être posée en axiome ; d'ailleurs rien n'empêche de choisir des hommes expérimentés. En s'attachant plus spécialement aux transports en commun, on a fait ressortir le préjudice formidable qui résulterait pour la ville de la transformation de l'outillage et de l'évolution de la technique industrielle. « Si la ville de Paris s'était trouvée à la

1. *La Municipalisation des tramways*, p. 162-164.

place de la Compagnie des Omnibus, dit M. Petit [1], quel préjudice lui eût fait subir la construction du Métropolitain? » Au
contraire, les partisans de la régie soutiennent qu'elle conduirait à l'extension et au perfectionnement du service, et que la
ville sera plus disposée qu'un concessionnaire à sacrifier l'intérêt pécuniaire à l'intérêt public. Cet argument ne nous touche
guère, en vérité. Car un régime de concession est très compa-
tible avec le bon fonctionnement et l'amélioration progressive
des transports, et l'intérêt collectif ne sera pas sacrifié à l'inté-
ret personnel ou à la routine du concessionnaire si l'autorité
concédante prend, au nom du public actuel et futur, des dispositions nécessaires en ce sens, dans l'acte même de concession.
Lisons, par exemple, l'article de la convention de 1910 relative à nos omnibus :

« Au cours de l'exploitation, dit ce texte, le concessionnaire
devra tenir compte de toutes les améliorations et de tous les
progrès. A cet effet, le préfet de la Seine, le concessionnaire
entendu, pourra prescrire de réaliser, dans un délai déterminé,
l'application aux voitures en service, des dispositions dont la
pratique aura fait reconnaître la nécessité. Il pourra décider
également qu'à l'avenir, les voitures que le concessionnaire aura à
construire seront dotées des perfectionnements réalisés par
l'industrie. Si le concessionnaire conteste le bien fondé des
prescriptions qui lui seront faites en vertu des dispositions
visées précédemment, et faute d'accord, dans le délai de six mois,
la ville de Paris pourra soumettre la question à une commission technique de cinq membres, dont deux désignés par
l'administration municipale, deux par le concessionnaire et le
cinquième par les quatre premiers, ou, à défaut d'entente dans
la huitaine, par le président du tribunal civil de la Seine. »

Des dispositions de cet ordre tendent manifestement à assurer,
en cas de conflit, la suprématie de l'intérêt général sur l'inté-

---

1. *L'Extension du domaine industriel des communes*, dans *Revue politique et parlementaire* des 10 décembre 1905 et 10 janvier 1906.

rêt particulier du concessionnaire. N'est-il pas permis, dès lors, de dire que les intérêts du public peuvent être aussi bien sauvegardés sous le régime de la concession que sous celui de la régie?

Quoi qu'il en soit, nous ne pourrions nous prononcer encore définitivement, à ce second point de vue des intérêts généraux des voyageurs, que si nous pouvions établir une comparaison positive entre les transports en régie et les transports concédés. Or, toute étude expérimentale de ce genre, en matière de transports urbains, est impossible à Paris et en France où, nous l'avons dit, les essais de municipalisation sont insignifiants dans ce domaine. Aussi imiterons-nous la sagesse du Conseil municipal en nous ralliant, du moins pour à présent, au système de la concession.

Examinons maintenant les conditions d'exploitation stipulées dans la concession.

Les conditions de l'exploitation

Les conditions d'exploitation stipulées en 1910 par les conventions de concession peuvent être réparties en trois catégories.

Les unes se réfèrent à un ordre d'idées que nous avons déjà abordé, à savoir l'amélioration des conditions de transport et l'aménagement des nouvelles entreprises. Les autres ont trait aux tarifs.

D'autres enfin, concernant les redevances à payer par les compagnies concessionnaires à la ville de Paris.

Les deux premiers groupes peuvent être ramenés à une même préoccupation qui est celle de rendre l'appareil circulatoire de Paris aussi apte que possible à satisfaire le besoin économique de la circulation, sous les rapports de la rapidité, de l'aménagement matériel, de la commodité et de la sécurité, enfin de la modicité des prix. Qu'est-ce qui a été fait à cet égard et que reste-t-il encore à désirer? Il sera préférable de consacrer à cette question, si importante économiquement et socialement, un chapitre spécial qui sera intitulé: *l'Appareil circulatoire et le besoin de circulation*. Nous rechercherons alors dans quelle mesure l'organisme s'est conformé aux besoins et quels sont les perfectionnements que ceux-ci réclament encore.

Nous n'aurons donc, pour terminer le présent chapitre, qu'à indiquer les redevances stipulées par les conventions de concession.

LES REDEVANCES A LA VILLE DE PARIS

Les redevances dues par les Compagnies de transport ont été modifiées en 1910. Il n'est pas sans intérêt de rappeler ce qu'elles étaient avant cette date avant d'indiquer ce qu'elles sont aujourd'hui.

Antérieurement à la réorganisation de 1910, la ville, indépendamment des droits d'octroi sur les combustibles et sur les matériaux de construction, percevait des redevances figurant à son budget sous les titres qui suivent :

A. Droits de stationnement des voitures publiques (omnibus et tramways).

B. Participation dans les bénéfices de la Compagnie générale des Omnibus (traité du 18 juin 1860).

C. Redevances pour occupation de parties du sol de la voie publique par des bureaux d'omnibus et de tramways.

D. Redevances à la charge de la Compagnie des Chemins de fer métropolitains pour fourniture du courant électrique par les usines situées en dehors de Paris (article 9 de la convention du 27 juin 1898).

E. Redevances pour établissement de voies ferrées sur la voie publique.

F. Remboursement par les Compagnies de tramways des dépenses de pavage à leurs charges.

G. Redevances de la Compagnie du Chemin de fer métropolitain.

Voici, maintenant, comment sont réglées les redevances dans le régime institué en 1910.

L'article 8, de la convention de concession des omnibus automobiles du 28 mai 1910 a prévu une formule de cumul des droits d'octroi et des droits de stationnement. Cette formule doit jouer de façon à ne faire payer au concessionnaire des tramways et omnibus qu'une somme égale à 6 o/o de la recette brute *intra-muros*, sans toutefois qu'il puisse y avoir lieu à aucune réduction sur les droits d'octroi.

L'article 8 dont il s'agit est ainsi conçu :

« En représentation des droits de stationnement, le concessionnaire paiera à la ville :

A. Pour les omnibus: 3,5 o/o sur les recettes brutes voyageurs, jusqu'à 3o millions.

Si les recettes dépassent 3o millions, le taux de la redevance sera porté à 4 o/o sur l'excédent.

Les droits de stationnement seront réduits de moitié pour les lignes facultatives que le concessionnaire aura établies spontanément.

B. Pour les tramways: 6 o/o de la recette brute voyageurs effectuée à l'intérieur de Paris. Toutefois, ce pourcentage sera abaissé à 3,5 o/o si les sommes employées en frais de premier établissement ne dépassent pas l'intérêt de 5 o/o prévu à l'article 6 de la présente convention. Chaque fois que cet intérêt s'élèvera au-dessus de 5 o/o, ce pourcentage de 3,5 o/o croîtra du double de cette augmentation sans pouvoir dépasser le pourcentage normal de 6 o/o.

« Si le concessionnaire justifie avoir payé à la ville, tant pour droit de stationnement sur les omnibus automobiles et les tramways du réseau municipal, que pour droits d'octroi sur les combustibles employés à la propulsion des omnibus automobiles, une somme supérieure à 6 o/o des recettes sur les omnibus et sur les tramways *intra-muros*, il pourra réclamer une restitution des taxes de stationnement, d'abord des omnibus automobiles, puis des tramways, jusqu'à concurrence de la somme nécessaire pour ramener ces versements totalisés à 6 o/o des recettes voyageurs sur les omnibus et sur les tramvays *intra-muros*, sans toutefois qu'il puisse y avoir lieu à aucune réduction sur les droits d'octroi.

» Pendant la période de transformation et au plus tard jusqu'au 1er janvier 1915, le total des droits de stationnement et des droits d'octroi sur les combustibles, ne pourra être inférieur à un minimum forfaitaire de 2.500.000 francs.

» Le partage des bénéfices et la répartition de l'actif, en fin de concession, entre la ville de Paris et la Compagnie concessionnaire devront avoir lieu d'après les conditions fixées à l'article 12 *ter* du traité de rétrocession du réseau municipal de tramways ».

Les articles 12 et suivants de la convention relative aux tramways stipulent que la Compagnie doit payer à la ville :

1º Des redevances pour établissement sur la voie publique de bureaux et d'édicules autres que les abris, lesdites redevances fixées sur la base du double de la taxe municipale d'étalage, relative à la voie considérée.

2° Une redevance de 1 franc pour chacun des abris et pour chaque installation de barrières mobiles.

3° Un droit de stationnement déterminé conformément à l'article 8 de la convention relative à la concession des omnibus

L'article 12 *ter* est ainsi conçu : lorsque, après prélèvement sur les recettes, des dépenses de toute nature nécessitées par l'exploitation des tramways et omnibus, des réserves pour renouvellement des voies, du matériel fixe et roulant, pour incendies et pour accidents, de l'intérêt des emprunts, de l'amortissement des obligations et des actions, des réserves légales, les bénéfices nets permettront de donner au capital-actions une rémunération dont le total sera supérieur à la somme obtenue en comptant :

a) Une annuité forfaitaire pendant toute la durée de la concession, calculée à raison de 6 o/o du montant total des sommes déterminées par expertise ou fixées d'un commun accord et représentant la valeur industrielle de tous les éléments de l'actif reconnus nécessaires à l'exploitation, au 1ᵉʳ juin 1910, sans toutefois que ladite annuité forfaitaire puisse excéder 4 millions de francs.

b) 8 o/o aux nouvelles actions de capital.

c) 3 o/o aux nouvelles actions de jouissance.

L'excédent sera partagé par moitié entre la ville et la Compagnie, et ce, à titre de supplément de redevance.

Les bénéfices différés, quelle que soit leur origine, devront être partagés dans la même proportion, c'est-à-dire que la ville aura droit, lors de la liquidation de la Compagnie, à la moitié de l'actif net à répartir après paiement du passif et amortissement du capital.

La redevance versée par le Chemin de fer métropolitain a été fixée, par la convention de concession, sur le produit du trafic. Elle est calculée à raison de o fr. o5 par billet de seconde classe ou d'aller et retour et de o fr. 10 par billet de première classe.

Cette part de la ville doit s'accroître lorsque le nombre annuel des voyageurs dépasse 140 millions. L'accroissement est de o fr. oo1 par voyageur pour chaque dizaine de millions de voyageurs entre 140 et 180 millions ; à partir de 180 millions, le prélèvement supplémentaire demeure fixe et égal à o fr. oo5, quel que soit le nombre des voyageurs.

Les lois des 4 avril 1898, 26 juin 1903 et 10 avril 1908 qui ont autorisé des emprunts successifs pour la construction du Métropolitain, ont affecté le produit de la redevance au service exclusif de ces emprunts, en vertu de ces mêmes lois, l'excédent de la recette sur la dépense doit être réservé à l'amortissement anticipé des emprunts et inscrit à un compte d'attente, hors budget.

Quant au Nord-Sud, la redevance perçue par la ville de Paris n'est que de o fr. o1 par billet, quelle que soit la classe. Quand le chiffre de voyageurs aura excédé 90 millions, la rede-

vance sera de o fr. o2 par billet de seconde classe et de
o fr. o35 par billet de première classe.

Observons, en terminant, que le public doit se féciliter de
ce que la ville puisse tirer de l'exploitation des transports en
commun un revenu assez important. Car, étant intéressée aux
bénéfices, celle-ci sera poussée à une surveillance plus active de
gestion des Compagnies concessionnaires. Et n'y a-t-il pas là
un nouvel argument à invoquer en faveur du régime de la concession, qui, ainsi appliqué, permet de faire participer la com-
munauté aux bénéfices du concessionnaire sans lui faire prendre
aucune part aux risques qui sont inhérents à toute entreprise
municipale ?

CHAPITRE III

L'APPAREIL CIRCULATOIRE

ET LES BESOINS ACTUELS
DE LA CIRCULATION

M. Charles Gide, dans une conférence faite à l'École des Hautes Études sociales, indiquait les conditions que doivent remplir les moyens de transport en commun pour être vraiment utiles à la collectivité. Ils doivent être rapides, fréquents, continus ; passer à proximité de la résidence et du lieu de travail ; coûter un prix modique. Ajoutons qu'ils doivent répondre aussi à des conditions de sécurité, d'hygiène et de confort indispensables. Enfin, il va de soi que le système des transports en commun doit être adopté à l'organisme général de la circulation des véhicules et des piétons.

En d'autres termes, l'utilité des transports en commun réside tout entière :

1° Dans l'économie de temps :

2° Dans l'économie d'argent ;

Cette vérité est pour ainsi dire évidente par elle-même. Sans chercher à en fournir une inutile démonstration, il suffira de la mettre brièvement en relief.

Le temps et l'argent sont des biens de plus en plus précieux.

C'est surtout dans la société contemporaine, qu'il est vrai de dire que le temps vaut de l'argent. Le temps employé à se transporter d'un point à un autre est considéré par celui qui travaille d'une manière quelconque (aussi bien par l'industriel, le patron, que par l'ouvrier et l'employé) comme une perte ou un manque à gagner. Il importe de réduire cette perte au minimum en donnant aux moyens de transport la plus grande vitesse possible ; en les mettant à proximité de la résidence et du lieu du travail, afin d'éviter aux voyageurs la longueur d'une marche inutile ; en les rendant fréquents et continus, afin d'éviter l'attente aux points d'arrêts.

D'autre part, il est bien évident que la classe laborieuse — qui est la très grande majorité — ne pourrait employer un moyen de transport, si perfectionné fût-il, s'il était trop onéreux. Le travailleur, quel qu'il soit, ne peut ni ne veut gagner du temps au détriment de son salaire ; ce serait un mauvais calcul ; il faut donc que le prix du transport soit inférieur, pour la même durée de temps, à la valeur du travail du voyageur.

Les moyens de transport ne peuvent d'ailleurs remplir la double fonction que nous venons de faire ressortir que s'ils satisfont aux conditions d'hygiène et de confort que les contemporains sont en droit d'exiger. Si le public se trouvait trop mal à l'aise dans les véhicules publics, quels qu'ils soient, s'il savait courir des dangers de maladie ou d'accident, il s'abstiendrait de recourir à ces moyens de locomotion. N'est-ce pas, du reste, un devoir des pouvoirs publics de veiller à l'hygiène publique ?

Enfin, avons-nous dit, le système des transports en commun doit être adapté à l'organisme général de la circulation dont il constitue un rouage important. Les véhicules publics ne doivent plus gêner la circulation des véhicules privés et des piétons ; la réciproque est également vraie. De plus, il importe que la circulation tout entière s'effectue le plus facilement et avec le moins d'accidents possibles.

Dès l'origine des transports en commun, nous voyons l'autorité concédante se préoccuper de la réglementation des transports publics à des points de vue divers.

L'autorisation préfectorale du mois de janvier 1828 accordée aux sieurs Baudry et consorts pour l'exploitation dans la capitale d'un service de voitures dites « omnibus » contenait les dispositions suivantes [1].

A. Les permissionnaires pourront mettre en marche, au maximum, cent voitures publiques à destination fixe, mais qui ne devront circuler que dans les directions et rues, quais, places et ponts désignés ci-après (suit la nomenclature des rues que les omnibus sont autorisés à emprunter).

B. Les voitures seront à quatre roues, traînées par deux chevaux ou trois au plus, attelés de front.

C. Elles ne pourront être construites que pour transporter au moins douze voyageurs et vingt au plus, tous dans l'intérieur.

L'impériale ne devra avoir ni courroie, ni « panier à bâche ». Il est défendu d'y placer ni voyageurs, ni paquets, ni ballots quelconques.

Il est défendu aux conducteurs de s'arrêter pour prendre ou descendre des voyageurs, savoir :

1 A une distance moindre que deux cents pas des bureaux ;

2º Dans les carrefours, aux encoignures des rues, sur les ponts, à proximité des places de stationnement et devant les théâtres, à partir de 6 heures du soir.

Toutefois les omnibus, plus démocratiques que leurs devanciers, les carrosses « à cinq sols marqués » étaient accessibles aux gens du populaire. « Soldats, laquais, gens de livrée et de bas » pouvaient, moyennant 25 centimes, se faire transporter aussi bien que les bourgeois.

Les omnibus de 1828 ressemblaient beaucoup aux anciennes diligences [2]. Ils étaient divisés en trois compartiments : coupé, intérieur et rotonde ; un prix différent était perçu dans chacun d'eux ; la moyenne en était de 25 centimes. Ils contenaient quatorze places et étaient traînés par trois chevaux attelés de front.

1. Martin : *Étude historique et statistique sur les moyens de transport dans Paris*, p. 81.

2. François Fabre, *Histoire et statistique de la Compagnie générale de Omnibus*. (*Annuaire statistique de la ville de Paris*, 1888, p. 510).

Plus tard, le type des voitures fut modifié ; elles furent à deux chevaux et de seize places. Le prix fut élevé de 25 à 3o centimes par ordonnance du préfet de police du 2 juillet 183o [1].

Depuis cette époque, les choses et les hommes ont fait beaucoup de chemin. En notre matière, comme en toutes les autres, l'évolution scientifique et industrielle a conduit à des progrès magnifiques, mais aussi à des complications nouvelles et à des problèmes nouveaux qu'il a fallu résoudre.

Envisageons donc le formidable appareil circulatoire de Paris actuel et recherchons s'il satisfait convenablement aux besoins divers de la circulation collective.

Économie de temps

Des progrès remarquables ont été faits en ce qui concerne l'économie de temps.

La substitution des autobus aux omnibus à traction animale, en conférant à ce mode de transport une vitesse et une souplesse beaucoup plus grandes, a constitué un bienfait inappréciable. Cela est encore plus vrai depuis que le type des autobus a été transformé, qu'il est devenu plus léger et relativement plus maniable. Le vice des anciens omnibus venait, notamment, de la lenteur avec laquelle s'accomplissaient les opérations du stationnement, du freinage et du démarrage. La durée effective de ces opérations a été considérablement réduite par l'adoption des autobus. La suppression de l'impériale, dans le nouvel aménagement des autobus et des tramways, a augmenté largement la rapidité ; car les voyageurs, surtout les femmes, les vieillards et les enfants, descendent et montent maintenant plus vite. Cette mesure a contribué à l'augmentation du trafic en permettant l'utilisation de tous les moyens de transport les jours de pluie ou de froid.

1. Cette transformation se produisit sur l'initiative de MM. Feuillant et Morean-Chaslon, nouveaux acquéreurs du privilège.

L'extension du réseau d'omnibus et de tramways n'aurait pas suffi à faire face à l'extension de la circulation si le service n'avait pas été en même temps intensifié. La fréquence et la continuité, nous l'avons vu, tendent, non moins que la rapidité, à l'économie du temps qui est le but principal à atteindre. « Le tramway, dit M. d'Avenel [1], doit être une sorte de trottoir roulant qui sollicite, par la fréquence de son passage, le promeneur ou l'homme d'affaires. » Une sollicitation de même nature doit être exercée par les autobus. Quant au Métropolitain et au Nord-Sud, on sait combien ils donnent satisfaction par leur rapidité, leur fréquence et leur continuité, la durée très réduite du stationnement, le freinage et le démarrage presque instantanés.

Pour les autobus et les tramways, on sait que le nombre des départs a été augmenté non seulement sur un grand nombre de lignes à fort trafic, afin d'éviter la trop longue attente aux stations, mais encore sur les lignes à faible trafic en vue de stimuler le voyageur et de créer un courant de circulation.

De plus, il a été organisé des services matinaux, à prix réduit, permettant aux ouvriers de se rendre à leur travail. Il a été également prévu des services de nuit pour certaines catégories d'employés et ouvriers, les typographes, par exemple.

Il n'est pas besoin d'insister plus longuement sur la sérieuse économie de temps que ces diverses mesures permettent de réaliser.

Peut-être serait-il possible d'obtenir encore davantage à ce point de vue. C'est ainsi que, par une délibération du 26 décembre 1911, le Conseil municipal a demandé l'intervention de l'administration pour obtenir que des trains plus fréquents circulent sur les lignes métropolitaines aux heures d'affluence et que, d'autre part, l'heure des premiers départs du matin soit avancée. En ce qui concerne les heures d'affluence, la Compagnie a apporté diverses améliorations susceptibles de diminuer l'encombrement des voitures à ces heures ; les intervalles entre les

---

1. *Mécanisme de la vie moderne*, t. V, p. 183.

trains ont été diminués le matin et le soir sur un certain nombre de lignes. Mais la Compagnie du Chemin de fer métropolitain a montré que la durée d'interruption du service, spécifiée au cahier des charges (art. 14), laquelle a été fixée à un maximum de quatre heures consécutives, est indispensable pour assurer la sécurité, l'entretien et la réparation des voies et installations[1].

Le public a montré à quel point il apprécie l'économie de temps que lui procure le perfectionnement des moyens de transport. On peut constater que la suppression de la traction animale et son remplacement par la traction mécanique ont eu pour résultat d'augmenter dans des proportions considérables le nombre des voyageurs.

Si nous prenons, par exemple, la ligne Montrouge-Saint-Augustin, nous constatons que durant l'année précédant la transformation de cette ligne, c'est-à-dire en 1901, les voitures affectées au transport des voyageurs étaient au nombre de 13 et parcouraient 499.843 kilomètres. En 1910, 19 voitures parcouraient annuellement 765.346 kilomètres. En 1901, 2.445.087 voyageurs empruntaient cette ligne. Leur nombre a presque doublé en 1910, puisqu'il est de 4.463.577.

La substitution de l'autobus à l'omnibus a eu les mêmes conséquences, au point de vue économique, que la substitution de la traction mécanique à la traction animale pour les tramways. Là encore l'augmentation de la vitesse, la diminution du prix de transport ont considérablement augmenté le nombre des voyageurs.

Les 19 omnibus de la ligne de « Montmartre-Place Saint-Michel » parcouraient, en 1905, 650.000 kilomètres et transportaient 3.633.117 voyageurs. Après la transformation, 19 autobus parcourent 850.760 kilomètres et transportent 5.975.046 voyageurs.

La ligne « Avenue de Clichy-Odéon » transporte, en 1906,

1. Voir Conseil municipal de Paris : *Procès-verbaux*, année 1912, p. 709 (*Procès-verbal* du 29 mars 1912).

avec 36 omnibus. 7.593.003 voyageurs sur 1.122.134 kilomètres ; en 1910, la même ligne, avec 38 autobus, transporte
12.032.287 voyageurs sur 1.800.021 kilomètres.

La ligne « Porte de Neuilly-Hôtel de Ville » confirme admi-
rablement cette vérité, que le voyageur demande à être
transporté vite et à bon marché et qu'il n'emploie pas le moyen
de transport qui ne réalise pas ces deux conditions[1]. En 1901,
17 omnibus transportent annuellement 2.016.965 voyageurs
pour une recette de 353.428 francs. Le Métropolitain ouvre la
ligne Vincennes-Maillot. Aussitôt le public délaisse l'omnibus,
lent et plus coûteux, pour prendre le chemin de fer souterrain,
rapide et économique. La Compagnie des omnibus est obligée
de supprimer cette ligne le 20 août 1902. Apparaît l'autobus.
La Compagnie des omnibus met immédiatement en service
8 voitures. Le public a le choix entre deux moyens de locomotion également rapides et sensiblement de même prix. Que
se passe-t-il alors ? La Compagnie transporte, en 1910,
2.005.109 voyageurs et fait une recette de 371.687 francs,
recette sensiblement égale à celle réalisée avec les omnibus
avant l'ouverture du Métropolitain, c'est-à-dire avant que la
concurrence n'entre en jeu.

Mais envisageons maintenant d'une manière spéciale l'économie d'argent procurée par les transports en commun et
demandons-nous quels sont les résultats des tarifs en vigueur.

ÉCONOMIE D'ARGENT

La modicité du prix de transport est la condition indispensable sans laquelle les transports, si rapides et si perfectionnés
qu'ils soient, ne seraient pratiquement d'aucune utilité pour les
foules.

Or, des avantages sérieux ont été assurés aux voyageurs en
matière de tarifs.

1. Chassaigne, *loc. cit.*, p. 76.

Par suite du sectionnement des lignes, le voyageur, pour le prix de o fr. 10 en deuxième classe et de o fr. 15 en première classe, peut parcourir une section entière. Cette réduction de prix a été si appréciée par le public que la petite course en autobus et en tramways est devenue d'un usage courant à l'heure actuelle [1].

Il est aisé de voir que les tarifs votés par le Conseil municipal et appliqués sur les omnibus et les tramways depuis le 1er juin 1910 ont été très avantageux pour le public. Si l'on examine les résultats obtenus sur l'ensemble des omnibus et des tramways, et sur le réseau des omnibus automobiles considéré isolément, on voit que le sectionnement a considérablement réduit le prix du transport.

De la comparaison des premiers trimestres des exercices 1909, 1911 et 1912, il résulte que la recette réalisée en 1909 dans Paris, banlieue exclue, avec 53.026.317 voyageurs, a été de 9.881.272 francs, donnant un produit moyen de *0 fr. 186* par voyageur. En 1911, avec 57.562.325 voyageurs, la recette a été seulement de 8.888.070 francs, et le produit moyen par voyageur s'abaisse à *0 fr. 154*. En 1912, le nombre des voyageurs s'élève à 80.129.042, la recette monte à 11 millions 636.919 francs, mais le produit moyen par voyageur tombe à *0 fr. 145*.

Si les anciens tarifs avaient été appliqués aux voyageurs transportés en 1911 et 1912, la Compagnie aurait encaissé :

en 1911 : o fr. 186 $\times$ 57.562.325 = 10.706.592 francs ;

en 1912 : o fr. 186 $\times$ 80.129.042 = 14.904.002 francs ;

L'économie, pour l'ensemble des voyageurs, s'élève donc, grâce à la réforme de 1910 :

en 1911 : 10.706.592 — 8.888.070 = 1.818.522 francs

---

[1]. La longueur d'une section est en moyenne de 2 kilomètres 600. La suppression de la correspondance et le sectionnement ont amené une réduction des prix dans les proportions de 1/2 pour une section en première classe, de 1/3 pour une section en deuxième classe, et de 1/6 pour les trajets dépassant une section en première classe.

en 1912 : 14.904.002 — 11.636.919 = 3.267.083 francs.

Nous constatons que les petites courses à 0fr.10 et à 0f.15 instituées par le nouveau régime atteignent un chiffre considérable :

En 1911 : 34.981.434 sur 57.562.325 voyageurs transportés.

En 1912 : 47.690.617 sur 80.129.042 voyageurs transportés [1].

Les chiffres précédents s'appliquent à un réseau mixte comprenant à la fois des tramways à traction mécanique encore exploités avec les anciens systèmes, des tramways à chevaux, des autobus et des omnibus à chevaux.

Mais il est intéressant de considérer les résultats de la transformation des anciens systèmes combinés avec l'application des nouveaux tarifs. Comparons, pour les lignes d'omnibus transformées en 1911, la statistique du premier trimestre de 1909 (traction par chevaux et anciens tarifs) et celle du premier trimestre 1912 (traction automobile et tarifs sectionnés).

On constate que le nombre des voyageurs a passé de 8.876.000 en 1909 à 21.385.077 en 1912, soit une augmentation de 12.508.253 ou de 141 o/o et qu'il a été effectué 11.915.297 petites courses.

Le produit moyen par voyageur a baissé de 0 fr. 203 en 1909 à 0 fr. 142 en 1912. Il y a donc une diminution, c'est-à-dire une économie pour le public, de 30 o/o.

D'autre part, l'examen des résultats donnés par les exercices 1911 et 1912 (période du 1er janvier au 15 avril 1911 et du 1er janvier ou 14 avril 1912) permet les constatations suivantes :

La recette par kilomètre. voiture, calculée en prenant pour unité la voiture à 30 places, qui était de 0 fr. 9594 en 1911, n'est plus que de 0 fr. 8812 en 1912, soit une diminution de

1. Tous ces chiffres sont empruntés à l'ouvrage précité de M. Chassaigne page 54.

8,15 o/o. Pendant ce temps, le nombre des voyageurs par kilomètre voiture passait néanmoins de 6,42 à 6,62, soit une augmentation de 3,12 o/o [1].

Les nouveaux tarifs, basés sur le sectionnement, ont donc procuré une économie à la population parisienne.

En ce qui concerne le Métropolitain et le Nord-Sud, on sait combien le tarif de o fr. 25 en première classe et de o fr. 15 en deuxième classe est avantageux. En outre, des billets d'aller et retour sont délivrés moyennant o fr. 20 en deuxième classe, jusqu'à 9 heures du matin. Un projet de M. Hénaffe, déposé à la séance du Conseil municipal du 11 juin 1906, tend à créer le billet d'aller et retour, de 11 heures du matin à 2 heures du soir.

De même que les autres modes de transport, le Métropolitain voit ses recettes augmenter notablement. En 1901, il transportait 17.660.286 voyageurs et faisait une recette de 2.694.563 fr. En 1906, nous trouvons 165.319.216 voyageurs pour une recette de 28.753.347 francs, En 1911 : 305.311.995 voyageurs et 53.142.548 francs de recettes.

Les recettes du Nord-Sud suivent également une marche ascensionnelle.

Voici, par exemple, les recettes mensuelles de cette Compagnie en 1911 :

Janvier	496.312 francs
Février	468.813
Mars	655.508
Avril	646.712
Mai	660.988
Juin	585.750
Juillet	523.930
Août	414.336
Septembre	469.433
Octobre	657.390
Novembre	688.339

Tous ces chiffres, dont nous n'augmenterons pas le nombre,

---

1. Chassaigne, *loc. cit.*, p. 55.

mais qu'il fallait donner en vue de la précision, montrent que
la modicité du prix de transport, non moins que la rapidité,
la fréquence et la continuité, rendent de plus en plus service
aux voyageurs et théoriquement, devraient permettre aux compagnies concessionnaires de retirer un bénéfice normal de leur
exploitation.

Mais il faut observer que la modicité du prix se trouve elle-
même limitée par le prix de revient du kilomètre voyageur,
c'est-à-dire par le coût du transport d'un voyageur sur une distance d'un kilomètre.

Les dépenses qui grèvent l'exploitation varient :

1° Avec les frais de premier établissement (capital à rémunérer, mise en marche de l'exploitation) ;

2° Avec l'importance de l'entreprise, qui s'apprécie au kilomètre-voiture ;

3° Avec la capacité des voitures (le prix de revient par place
kilométrique est d'autant plus élevé que la capacité de la voiture est plus réduite) ;

4° Avec les différents systèmes mécaniques.

Les tramways à accumulateurs de système actuel sont lourds,
encombrants. Pour une voiture de 5o places, il faut 2.000 à
3 000 kilos d'accumulateurs, poids sensiblement égal à celui
des voyageurs transportés. Il n'est pas douteux que le nouveau
tramway, recevant l'énergie nécessaire par trolley ou par caniveau souterrain, est supérieur aux autres modes de traction[1]. Il
est, pour un nombre de voyageurs déterminés à transporter,
souple, léger, il ne fait pas de bruit, ne dégage ni odeurs, ni
fumée ; il est rapide, s'arrête en quelques mètres et démarre
facilement. C'est ce dernier système que la ville de Paris a
imposé à la Compagnie générale des Omnibus pour son réseau
de tramways. Les frais d'établissement en sont élevés, puisque
le caniveau axial exige la réfection complète des voies, mais
il est vraisemblable que la Compagnie amortira assez vite cette

1. Chassaigne, *op. cit.*, p. 59.

grosse dépense avec les bénéfices réalisés sur le prix de traction.

Pour les autobus, les meilleurs moteurs utilisés actuellement sont les moteurs à explosion, avec commande par embrayage et changement de vitessse. Il n'est pas douteux toutefois que, dans un avenir encore lointain mais certain, les tramways à trolley ou à caniveau central seront remplacés par des tramways à production d'énergie interne soit par accumulateurs, soit par tout autre moyen. Cette transformation sera rendue inévitable dès qu'il aura été rendu possible d'emmagasiner une grande énergie sous un petit volume et un poids faible.

Il en est de même pour les autobus à moteurs à explosion dont les dépenses d'exploitation sont considérables par suite de la consommation considérable d'essence aux arrêts et par suite des changements de vitesse nombreux nécessitant de coûteuses réparations. La plupart d'ailleurs des exploitations de transports en commun par autobus à essence sont déficitaires, le prix de revient du kilomètre-voiture oscillant aux environs d'un franc et se trouvant être supérieur aux recettes kilomètre-voiture ; d'une façon générale, il faut considérer qu'une exploitation de transport en commun par autobus doit réaliser un minimum de recettes de un franc dix centimes par kilomètre pour pouvoir rémunérer et amortir son capital. Une recette de un franc vingt par kilomètre permet de distribuer de larges bénéfices pourvu que le nombre de kilomètres-voiture annuels soit suffisamment considérable par rapport aux frais généraux engagés.

En définitive, les tarifs de transport, dont nous venons de parler, ont donné satisfaction au public. Celui-ci l'a surabondamment prouvé en usant de plus en plus largement des moyens de locomotion publique.

A moins d'arriver à la gratuité, on ne voit guère qu'il soit possible d'établir un système de transports en commun à meilleur marché.

Cependant, certains désiderata peuvent être émis en ce qui concerne le règlement des tarifs. C'est ainsi qu'il conviendrait

de solutionner l'irritante question des tarifs pour les supplé-
ments payés en cours de route. Actuellement un voyageur de
première classe peut arriver à payer 40 centimes le trajet
complet d'une seule ligne d'autobus, s'il ne prend pas, dès
l'abord, un ticket pour parcours entier qui ne lui aurait coûté
que 25 centimes, alors qu'il serait si simple, en cas d'erreur du
voyageur qui a payé partiellement sa place, de lui délivrer des
tickets de supplément de cinq centimes en deuxième classe et de
dix centimes en première classe. C'est pourquoi le Conseil
municipal a invité l'administration à étudier le moyen de faire
délivrer des tickets de supplément aux voyageurs qui, ayant
déjà acquitté le prix d'une section, décideraient, en cours de
route, d'accomplir le parcours entier de la ligne [1].

Confort et hygiène

Le public, qui désire se transporter vite et à bas prix, ne
veut pas payer ce double avantage d'une altération de sa santé
ou d'un malaise excessif. Là encore, surtout à une époque où
le bien-être se développe et se généralise et où l'on attache justement une grande importance aux questions d'hygiène sociale,
il y aurait de la part du voyageur un mauvais calcul s'il
acceptait d'être véhiculé dans des conditions défectueuses d'hygiène et de confort.

L'autorité concédante a pris des mesures en cette matière et
inséré dans les traités de 1910 de nombreuses prescriptions
relatives à la commodité des voyageurs.

L'article 2 de la convention relative aux omnibus énonce ce
qui suit : « Au cours de l'exploitation, le concessionnaire devra
tenir compte de toutes les améliorations et de tous les progrès. A cet effet, le préfet de la Seine, le concessionnaire
entendu, pourra prescrire de réaliser, dans un délai déterminé,

1. Conseil municipal, *Procès-verbal* du 12 juillet 1912 (*Recueil des procès-verbaux* 1912, p. 1765).

l'application aux voitures en service des dispositions dont la
pratique aura fait reconnaître la nécessité. Il pourra décider
également qu'à l'avenir les voitures que le concessionnaire aura
à construire seront dotées des perfectionnements réalisés par
l'industrie. Si le concessionnaire conteste le bien fondé des
prescriptions qui lui seront faites en vertu des dispositions visées
précédemment, et faute d'accord dans le délai de six mois, la
ville de Paris pourra soumettre la question à une commission
technique de cinq membres « dont deux désignés par l'administration municipale, deux par le concessionnaire et le cin
quième par les quatre premiers, ou, à défaut d'entente dans la
huitaine, par le président du tribunal civil de la Seine ».

Quant aux dispositions de la convention spéciale aux tramways, elle fait, elle aussi, ressortir le souci qu'a eu l'autorité
concédante d'améliorer constamment les véhicules publics.
L'article 6 s'occupe des abris pour les voyageurs, des plaques
indicatrices et des indications lumineuses des points d'arrêts.
L'article 9 dispose ainsi : « Les voitures seront éclairées de
manière que la lecture soit possible à toutes les places assises.
Elles comporteront un éclairage de secours. L'intérieur des
voitures sera chauffé pendant la saison froide, conformément
aux prescriptions du préfet de police, et au moyen d'appareils
de chauffage agréés par lui. Si les voitures comportent des
impériales (ceci visait la période transitoire), celles-ci seront
couvertes et aménagées à l'avant et sur les côtés de manière à
protéger les voyageurs contre le froid. Il en sera de même pour
les plateformes ».

Des dispositions relatives au confort, à l'hygiène et à la commodité des voyageurs se rencontrent aussi dans les actes de concession des chemins de fer du Métropolitain et Nord-Sud.

D'ailleurs un certain nombre de dispositions postérieures
aux actes de concession et aux cahiers des charges visent encore
le même point de vue. Nous n'avons pas à en faire une énumération qui risquerait d'être ennuyeuse et sans utilité dans un
travail de ce genre.

Indiquons seulement qu'à la suite d'une délibération du Conseil municipal, du 8 juillet 1907, des appareils distributeurs de numéros d'ordre ont été installés à tous les arrêts de tramways ou d'autobus où il y a affluence de voyageurs.

A maintes reprises, le Conseil municipal a approuvé des dispositions prises par les compagnies de chemins de fer souterrains en vue de l'aération.

Signalons encore une ordonnance du Préfet de police en date du 1er mars 1913 qui interdit la projection de papiers et autres objets sur les quais et dans les accès des stations du Chemin de fer Métropolitain et du Chemin de fer Nord-Sud. Signalons encore l'arrêté préfectoral qui oblige, à la suite de réclamation d'un voyageur, de faire fermer les fenêtres d'un autobus du côté gauche.

Mentionnons enfin, dans le même ordre d'idées, l'article 205 de l'ordonnance du Préfet de police du 30 juillet 1913, aux termes duquel il est défendu à toute personne de fumer à l'intérieur des voitures et de cracher sur les parquets, de tenir des chiens en laisse sur la plate-forme ; d'après le même texte, l'entrée des voitures est interdite aux individus en état d'ivresse ainsi qu'aux individus vêtus d'une manière malpropre ou porteurs de paquets qui, par leur nature, leur volume ou leur odeur, pourraient salir, gêner ou incommoder les voyageurs.

Ces exemples suffiront à faire ressortir l'intérêt qui est pris à la commodité et à l'hygiène des voyageurs.

Le problème de la circulation parisienne

Ce n'est pas un facile problème que celui de l'adaptation des transports en commun à l'organisme général de la circulation.

De cet organisme le système des transports publics est un élément très important, mais on ne peut le dissocier des autres éléments, c'est-à-dire des véhicules privés et des piétons.

Il s'agit de combiner ensemble ces divers éléments de telle sorte que la circulation tout entière s'opère aussi rapidement et aussi aisément que possible. Il faut que les véhicules publics — autobus et tramways — ne soient pas gênés dans leur marche, sans quoi ils perdraient une grande partie de leur utilité qui est de faire économiser du temps aux voyageurs. Mais il ne faut pas non plus que les véhicules publics constituent des obstacles aux autres éléments de la circulation. Il n'y a que pour les chemins de fer souterrains que cette question ne se pose pas. Mais nul ne pourrait penser à faire du Métropolitain et du Nord-Sud les seuls instruments de transports en commun. L'expérience a montré que, depuis l'établissement des lignes souterraines d'ailleurs très fréquentées, la circulation à la surface, loin de se ralentir, s'est encore intensifiée. C'est donc que le public a aussi grand besoin de l'autobus et du tramway que du Métro et du Nord-Sud. Les uns et les autres s'imposent avec une égale nécessité.

Une observation peut être placée ici. C'est que l'autobus apporte, à la circulation, une moindre gêne que le tramway.

La caractéristique la plus importante des tramways est de se servir du sol des voies précédemment existantes ; d'où pose nécessaire de rails sur la chaussée, bouleversement qui rend indisponibles, pendant un laps de temps assez long les rues sur lesquelles le tramway va être établi. Même lorsque la voie est remise en état, le tramway, par l'encombrement constant qu'il occasionne sur la chaussée, est une gêne permanente apportée à la circulation, et, de plus, son exploitation nécessite l'installation d'un outillage embarrassant et même dangereux sur la voie publique.

Le fonctionnement d'un service d'omnibus, au contraire, n'entraîne pas la même occupation de la voirie et, par suite, la même emprise du sol. L'omnibus ne s'approprie pas la voie publique comme le font les tramways, l'usage qu'il fait de la chaussée est normal, il est semblable à celui qu'en font les autres véhicules et ne trouble la circulation que dans une mesure bien moindre, car, par sa mobilité sur le sol, l'omnibus se plie à toutes les nécessités.

Il est un autre aspect du problème de la circulation parisienne : c'est celui de la sécurité. Sans doute il faut aller vite, mais il ne faut pas que ce soit au prix de vies humaines ou d'autres accidents.

Ce n'est pas seulement d'hier que datent les récriminations contre les véhicules.

Quelques années avant la Révolution, on se plaignait de la vitesse dangereuse des cabriolets. « Sa marche est si rapide, dit *le Journal de Paris*, en 1785, qu'il arrive sur les pauvres passants comme la foudre. » On proposait d'attacher une sonnette retentissante au cheval qui emportait ces voitures et d'obliger les propriétaires à clouer une plaque portant leur nom et leur adresse en gros caractères. Contre ces propriétaires, l'opinion est très montée : « On a purgé la ville d'assassins, écrivait Mercier ; l'assassinat commis par un homme monté sur un haut cabriolet diffère-t-il d'un coup de poignard ? Le poignard est plus doux que les roues dentelées d'une voiture qui vous laissent quelquefois un reste de vie pour souffrir des siècles. » En 1799, le même Mercier disait : « Depuis que le peuple est souverain, il est bien inconcevable qu'il se laisse écraser comme sous l'ancien régime. »

Que dirait aujourd'hui Mercier, s'il vivait parmi nous ? Le peuple est toujours souverain, mais la circulation est singulièrement plus active qu'alors. Les dangers se sont par suite grandement multipliés et les accidents ne sont pas tellement rares qu'il n'y ait pas lieu de prendre des mesures de sécurité.

En particulier, il est certain que la manœuvre des autobus présente des difficultés et des périls. Un écrivain auquel rien de ce qui touche aux intérêts des faibles ne demeure étranger, en a fait une pittoresque description.

« Observez, dit M. Jacques Duhr [1], un conducteur d'autobus

---

1. *Le Journal*, n⁰ du 7 octobre 1912 : *les Écrasés*.

quand il tourne. Alors que, pour le même virage, un chauffeur d'automobile fait décrire à son volant simplement un demi-arc de cercle, le wattmann, lui, précipitamment et avec des mouvements comme affolés, doit faire faire au sien deux tours au moins. On dirait, à ses gestes, un gardien de ponton enroulant en hâte autour d'un fût de bois le câble qu'on lui a jeté pour arrêter l'élan d'un bateau qui accoste. Puis le wattmann, pour replacer droite la direction, se remet d'arrache-bras à tourner, en sens contraire — cette fois, comme s'il dévidait. Cela tient à ce que la commande de sa direction n'agit pas de façon assez immédiate. Il ne peut donc avoir la précision et l'instantanéité de mouvement nécessaires pour toujours virer juste et éviter un obstacle. Et la manœuvre, comme désordonnée du volant à laquelle il est tenu, le rend, à tout instant, inapte à observer assez attentivement. On lui demande, en somme, de faire de l'acrobatie tout le temps que dure le parcours. Car les voies sont étroites et encombrées. A chaque instant, l'autobus peut heurter ou être heurté. Il lui faut suivre sans cesse des lignes sinueuses — serpenter. Étant donné que la clef de la circulation dans Paris est le passage instantané de la ligne droite à la ligne sinueuse, les voitures devraient être essentiellement souples, la commande de la direction devrait agir tout de suite sur les roues. Et qui n'a remarqué aussi, parfois, ces brusques coups de dérapage qui font que l'arrière fauche la rue. On s'explique fort bien, à cette simple vision, que le wattman, dont la tâche est déjà si pénible, ne puisse pas toujours être absolument maître de sa voiture, et que celle-ci, Léviathan moderne, happe sur les trottoirs des passants, ou fasse irruption dans la boutique d'un paisible commerçant. Et puis, étant donnée la défectuosité de leur direction, la vitesse des voitures est excessive. On a imposé aux wattmen des horaires draconiens, qui doivent être respectés.

Qu'il fasse beau, ou qu'il pleuve, ou qu'il gèle, les parcours doivent être faits dans un temps donné. Pourtant les grands chefs de la Compagnie des omnibus qui donnent des ordres aux wattmen — qui n'en peuvent mais — connaissent l'ordonnance

générale de police du 10 juillet 1900 dont l'article 227 oblige
à réduire les vitesses de tout véhicule à traction mécanique :
« Si les circonstances l'exigent, en tenant compte des facultés
d'arrêt dont ils disposent, de l'état des voies, des glissements
possibles lors de l'arrêt, des conditions atmosphériques. » Cet
article 227, ils l'ont appliqué pour les tramways. Pourquoi
n'en font-ils pas de même pour les autobus — ces masses
énormes exposées, davantage encore, aux dérapages, quand le
pavé est gras. Le wattman, s'il est en retard, force donc la
vitesse. Il y est obligé par la Compagnie qui le note bien ou
mal suivant sa régularité. Et il faut d'autant mieux qu'il
marche qu'il n'a que six minutes pour se reposer entre chaque
voyage, et que, si une cause fortuite le retarde un peu, il ne lui
reste plus que quatre minutes, deux minutes ou même moins.
Alors que, même le repos normal est à peine suffisant pour
qu'il demeure en possession de tous ses moyens.

M. Jacques Dhur fait suivre ces réflexions, qui ne manquent
pas de justesse, d'une statistique des accidents causés par les
autobus de 1908 à 1911.

Années	Nombre des autobus	Morts et blessés
1908	113	425
1909	119	235
1910	149	349
1911	450	732

Ces chiffres sont certes impressionnants, même si l'on songe
à l'importance et à la densité de la population, à la foule qui
remplit nos artères, au nombre considérable des véhicules de
toutes sortes, à l'intensité toujours plus fiévreuse de la vie.
Une décision du 15 octobre 1909 a prescrit que les conducteurs de voitures publiques seraient astreints à subir un examen
professionnel outre les épreuves topographiques de connaissance des voies de Paris. Mais cela ne suffit pas et il est bien
évident que les conducteurs de nos autobus ont entre leurs

mains des instruments redoutables, d'un maniement difficile parmi l'encombrement des voies, surtout aux tournants et dans les rues étroites.

En nous livrant aux considérations précédentes, nous avons posé, sous ses différents aspects, le problème de la circulation parisienne dont les transports en commun sont une donnée très importante. Ce problème n'a pas échappé à l'activité vigilante du préfet de police. Une ordonnance du 1ᵉʳ juillet 1913 a créé l'inspection générale de la circulation et des transports. Elle réunit dans un même service, à la Préfecture de police, toutes les attributions ayant pour objet de faciliter la circulation, de réglementer et de contrôler les différents modes de transport. Ce service d'inspection générale est réparti en cinq sections. La première de celles-ci est chargée des « voitures de transport en commun des voyageurs ».

Avant de chercher à résoudre le problème de la circulation, il est bon de préciser encore davantage les termes dans lesquels il se pose.

Le dégagement des voies parisiennes, qu'on avait escompté lors de la construction du Métropolitain et du Nord-Sud, ne s'est pas produit. Quand on établit le chemin de fer souterrain, certains prétendirent que celui-ci, réalisant le dernier progrès de l'industrie des transports, devait considérablement raréfier les voitures de place ou en commun circulant à la surface. Il n'en a rien été. Ce n'est pas que Métro et Nord-Sud manquent de clientèle! Le nombre des voyageurs souterrains a été en décembre 1900 de 3.447.241, en décembre 1901 de 5.603.486, en février 1912 de 26.506.257. Le succès des chemins de fer souterrains n'empêche pas la Compagnie des Omnibus et les diverses compagnies de tramways de voir leur clientèle et leurs recettes augmenter. Sans nuire aux transports en commun déjà existants, le Métro et le Nord-Sud ont mis à la portée des habitants un mode de déplacement rapide, économique et confortable. Chaque moyen de locomotion a ses avantages et sa clientèle propre. Le Métropolitain est certainement supérieur à l'omnibus à chevaux, mais l'omnibus automobile, qui existe seul aujourd'hui, peut lutter à armes égales avec le chemin de fer souterrain. Si l'on a pu, à un certain moment, ne voir dans l'autobus qu'un simple rabatteur des voyageurs sur le Métropolitain et sur les lignes de tramways, l'on est obligé, maintenant qu'il a fait ses preuves, de reconnaître qu'il est capable de concurrencer avec succès les modes de locomotion dont il paraissait, à certains, ne devoir être que l'auxiliaire. Désormais on est obligé de convenir que le Métropolitain, l'omnibus et les tramways n'ont pas d'intérêts contraires, mais simplement des tâches différentes à remplir. Le premier sert surtout à transporter rapidement le voyageur sur une longue distance pour un prix fixé à forfait, les autres sont utilisés pour les petites distances, avec un tarif sectionné [1]. La circulation à la surface, loin d'être raréfiée par la circulation souterraine, continue à se développer parallèlement.

Quant aux voitures de place et de remise, si le nombre des hippomobiles est tombé, de 1898 à 1901, de 14.685 à 9.905, soit une diminution de 4.780, c'est simplement à cause de l'apparition des automobiles qui sont passés de 19 en 1898, à 7.263 en 1911, soit une augmentation de 7.244.

De même, en 1911, on comptait déjà 2.338 tramways et autobus de plus qu'en 1898, et leur nombre tend à s'accroître encore.

Enfin, il faut tenir compte que tous les véhicules à traction mécanique, circulant presque sans arrêt et très rapidement, reviennent plus fréquemment sur certains points centraux.

Trois années différentes, aux mêmes dates et pendant sept jours, de 4 heures à 7 heures du soir, l'administration a noté le nombre des voitures, auto-taxis, autobus et véhicules de tout ordre ayant traversé quatre principaux points de la capitale (voir *le Monde économique*, n° du 4 janvier 1913) :

1. Cf. Chassaigne, *op. cit.*, p. 73.

Carrefour des rues de Rivoli et du Louvre

    1908 . . . .   33.993
    1910 . . . .   37.588
    1912 . . . .   42.681

Carrefour Drouot dit « des écrasés »

    1908 . . . .   57.409
    1910 . . . .   60.711
    1912 . . . .   71.289

Carrefour des Champs-Elysées

    1908 . . . .   45.710
    1910 . . . .   71.237
    1912 . . . .   81.557

Carrefour des rues Royale et faubourg Saint-Honoré

    1908 . . . .   69.228
    1910 . . . .   73.178
    1912 . . . .   80.387

Totaux

    1908 . . . .   206.340
    1910 . . . .   242.714
    1912 . . . .   260.914

Ainsi, suivant ces constatations, en trois heures, il est passé carrefour Drouot, en 1912, 7.327 voitures, soit à l'heure 2.442.

Or, la population augmente d'environ 10.000 habitants par an, les étrangers affluent et nous devons certainement les inviter à venir encore plus nombreux.

Comment circuleront les millions d'habitants ou de séjournants à Paris ?

Considérons donc, dans son ensemble, ce problème capital pour la vie économique et sociale de Paris.

Les voies publiques sont toutes divisées en deux parties : le trottoir et la chaussée. D'où deux choses à examiner : la circulation des piétons et celle des véhicules.

Un troisième point de vue est celui du contact entre l'élément piéton et l'élément véhicule, lorsque le premier empiète sur le terrain du second pour traverser la chaussée. La circulation souterraine constitue un quatrième point de vue. Il faut donc chercher des solutions séparées pour chaque face de la question.

Parlons d'abord du piéton dont il ne semble pas que personne se soit encore occupé sérieusement.

Le piéton marche sur son domaine qui est le trottoir. S'il est surtout intéressant lorsqu'il s'écarte de la zone qui lui est affectée, son sort n'est cependant pas toujours enviable même lorsqu'il reste dans cette zone.

Trois sortes d'obstacles s'offrent au piéton sur le trottoir : d'abord les autres piétons dont il n'y a pas grand chose à dire puisque leur droit est égal au sien ; ensuite les étalages, tables de café et autres barricades rangées le long des murs ; enfin les obstacles accumulés par l'administration ou en vertu d'autorisations administratives, tels que becs de gaz, kiosques variés, tas de sable, arbres, accès du Métropolitain, etc.

Les étalages, si l'on y réfléchit, sont condamnés par le plus élémentaire bon sens. La rue, en effet, est faite pour circuler et non pour fournir aux commerçants un emplacement supplémentaire. Ceux-ci se croient si bien chez eux sur le bitume qu'ils installent des toitures de verre ou de toile, des cloisons volantes pour délimiter leur domaine ; certains infligent à leur personnel d'interminables stations dans la rue, malgré le froid ou la chaleur ; d'autres vont même jusqu'à chauffer la voie publique (braseros aux terrasses de café).

La seconde catégorie d'obstacles placés sur les trottoirs n'est pas moins condamnable. Il faut sans doute en excepter les becs de gaz qui sont indispensables et les arbres dont le rôle est important au double point de vue hygiénique et pittoresque. Mais pourquoi ces innombrables urinoirs, kiosques à journaux, guérites pour gardiens de la paix, châlets de nécessité, bornes postales, colonnes de publicité pour théâtres, bancs, brouettes

de cantonniers et tuyaux d'arrosage, statues, bureaux d'omnibus, et notre énumération n'est pas complète !

Ne faudrait-il pas prendre une mesure radicale et supprimer
totalement les étalages et tout ce qui encombre les trottoirs,
sauf les becs de gaz et les arbres. Le commerce des journaux
ou des fleurs peut se faire en boutique aussi bien que dans des
kiosques ; il en est de même pour l'industrie des chalets de
nécessité. Les urinoirs devraient être placés en retrait, le long
des murs appartenant à la ville, dans les angles formés par les
maisons dépassant l'alignement, dans les couloirs du Métropolitain, etc., et leur nombre pourrait, sans inconvénient, être
restreint. Le matériel des cantonniers et le sable seraient à leur
place dans des locaux *ad hoc* situés ailleurs que sur la voie
publique. Le jour où ces réformes seront réalisées, le piéton
pourra circuler à l'aise sur le trottoir désencombré, comme il
le fait à Londres où l'on ne trouve, comme unique obstacle à
la circulation, que des appareils d'éclairage très espacés parce
qu'ils sont très puissants.

Ne faut-il pas également réclamer la suppression des marchés
ambulants qui déshonorent quelques artères ? Quel passant n'a
pas souffert en voyant, certains après-midi, sur le Cours-la-
Reine par exemple, entre les Champs-Élysées et la place de
l'Alma, d'innombrables déballages de viande et de légumes ?
Ces marchés ne sont pas seulement encombrants : ils sont sales,
malodorants et contraires à toute hygiène.

Les baraques de forains présentent certainement des inconvénients graves au point de vue de la circulation. « Ceux, dit
M. Robert Doucet¹, qui aiment à circuler dans les quartiers
populaires de Paris, si pittoresques et si vivants, connaissent
ces abominations que l'on ose baptiser de fêtes locales et qui
jouissent souvent du privilège de l'affiche blanche. De Montmartre à la barrière du Trône, du Lion de Belfort à Grenelle,

---

1. *Le Monde économique*, 8 mars 1913 : *Le problème de la circulation dans
Paris.*

de la Bastille à l'Esplanade des Invalides, des tribus de bohémiens transportent toute l'année à travers Paris leur matériel, leurs voitures, leurs animaux. Une fois par an, ils passent les fortifications pour aller villégiaturer à Neuilly, mais ils ne s'y attardent guère et reviennent bien vite prendre possession de nos trottoirs et de nos chaussées. A certaines époques de l'année, notamment aux alentours du 1er janvier et du 14 juillet, les envahisseurs renoncent à l'ordre serré qui leur est habituel pour agir en ordre dispersé.

» On les voit alors — et on les entend — partout. Les points où la circulation est la plus intense, comme la place du Châtelet ou la place de la République, n'échappent pas à l'invasion des chevaux de bois, des tirs et des marchands d'arachides. Dans les neuf dixièmes de ces odieuses baraques, la bêtise et la laideur le disputent à la malpropreté physique et morale.

» Comment l'administration encourage-t-elle de pareilles industries ? Son but serait-il de pousser le peuple à prendre des plaisirs stupides et à gaspiller son argent en futilités plus ou moins malsaines ? »

Le tableau que nous présente ainsi M. Robert Doucet est peut-être un peu trop sombre. Ce qui est certain, c'est que les fêtes de quartiers constituent d'importantes entraves à la circulation.

Les intérêts de la circulation exigeraient la disparition de tous les empiètements sur la voie publique, depuis les forains jusqu'aux kiosques à journaux. Mais la grande difficulté de leur suppression vient de ce qu'ils rapportent à la Ville des sommes importantes auxquelles elle ne peut renoncer. M. Doucet, que nous citions tout à l'heure, émet l'idée qu'on pourrait demander une partie de ces sommes aux commerçants — spécialement aux marchands d'alcool et aux grands magasins — tout en supprimant les étalages. « Ces commerçants, dit-il, seraient mal venus à se plaindre, car on leur répondrait qu'en payant volontairement la taxe sur les étalages, ils ont reconnu eux-mêmes que le fardeau fiscal ne leur pesait pas trop. » Cette solution nous semble contestable sous le rapport de l'équité. D'ailleurs il n'est pas certain que le public aimerait toujours mieux circuler sur les trottoirs en pleine liberté que de prendre son apéritif en plein air. Enfin les sacrifices consentis par les finances municipales sur les recettes de la voie publique n'empêcheraient pas la nécessité de dépenses et d'emprunts pour l'élargissement des rues.

Arrivons à la circulation sur la chaussée, c'est-à-dire aux véhicules. Il existe, dans les archives de la préfecture de police, un excellent règlement qui n'a pas deux ans de date, et dont la stricte application résoudrait en grande partie le problème. Ce règlement interdit notamment le stationnement de deux véhicules en face l'un de l'autre des deux côtés d'une voie étroite (il suffit de passer le matin vers 9 heures devant le grand restaurant situé à l'angle de la rue Le Peletier et du boulevard des Italiens pour se rendre compte de l'utilité de cette prescription). Le même règlement décide que les voitures doivent faire demi-tour pour aller s'arrêter devant le trottoir situé à leur gauche ; il interdit de doubler les tramways à gauche, d'effectuer un virage en suivant la corde, etc.

Rares sont les cochers ou chauffeurs qui obéissent à ces prescriptions. Rares sont les agents de police qui se préoccupent d'en assurer le respect. On peut se demander pourquoi ?

Une autre mesure consisterait, semble-t-il, à suspendre la délivrance de nouveaux numéros à des voitures de place. Le nombre de ces voitures est plus que suffisant ; leur limitation ferait la joie des cochers et chauffeurs et amènerait un temps d'arrêt dans la crise des embarras de Paris, sans causer de préjudice à personne.

Avant de passer à la rencontre des piétons et des véhicules sur les chaussées, il faut dire quelques mots de l'hypothèse où le véhicule sort de son domaine propre pour passer sur celui du piéton, c'est-à-dire sur le trottoir. Il est bien entendu que ce n'est là qu'un accident, mais il faut le prévoir parce qu'il arrive assez fréquemment.

Le véhicule qui empiète sur le trottoir est presque toujours automobile, et alors il se produit de deux choses l'une : ou bien il y a faute de la part du chauffeur, ou bien il y a dérapage involontaire et impossible à éviter. Dans le premier cas, le retrait immédiat et définitif du permis de conduire nous paraît s'imposer absolument. Dans le second cas, la ville est responsable, car le dérapage provient soit de l'absence de sable sur un pavé humide et glissant, soit de l'excès de bombement de la chaussée. Conclusion : les rues doivent être sablées avec le plus grand soin possible (les rues de Londres sont à peu près planes).

Si le véhicule peut accomplir n'importe quel trajet sans sortir, du moins en principe, de la zone qui lui est réservée, il n'en va pas de même du piéton qui ne peut échapper à la nécessité de quitter le trottoir pour traverser la rue.

Nous arrivons ici au contact de l'élément piéton et de l'élément véhicule.

Le piéton doit constamment abandonner le trottoir pour traverser la rue. Souvent même il est obligé de le quitter sans avoir besoin de la traverser, mais pour éviter les obstacles que constituent les étalages, kiosques, etc. Dans les voies étroites et encombrées, il est matériellement impossible d'accomplir à pied un trajet de quelques centaines de mètres seulement — à moins d'avancer avec une extrême lenteur — sans descendre sur la chaussée pour éviter les embarras du trottoir. Il en résulte que l'élément piéton et l'élément véhicule se mélangent sur un même emplacement et que, par suite, les risques d'accidents se multiplient.

Mais si le trottoir est dégagé et rendu uniquement à sa véritable destination, le piéton ne le quitte absolument que pour traverser. S'il suit une grande voie à circulation intense, il n'a à couper que des voies secondaires, de faible largeur et de circulation modérée, et il s'en tire assez facilement. Mais la difficulté devient réelle s'il lui faut couper une rue très mouvementée et très large. Sans doute il est relativement facile de profiter d'un temps d'arrêt pour couper une première file de véhicules, mais si la file marchant en sens inverse est infranchissable, le piéton se trouve bloqué ; et, pour peu qu'il s'affole, il risque d'être écrasé.

Les refuges assurent une certaine sécurité au piéton en lui permettant de traverser en deux étapes, en le délivrant du souci d'observer la marche des voitures dans deux directions à la fois. Depuis quelques années on a établi un grand nombre de refuges nouveaux. Il faut les multiplier, les allonger de façon à canaliser la circulation et à ôter aux conducteurs la tentation de les doubler à gauche. L'idéal serait que toutes les voies importantes fussent coupées en deux sections sur toute leur longueur, comme le sont par exemple les boulevards extérieurs, le boulevard Raspail, l'avenue du Trocadéro, etc.

Il faut bien observer, en effet, que le refuge qui ne sépare pas la circulation des véhicules en deux courants divergents n'a qu'une très médiocre utilité ; les services qu'il rend alors suffisent à peine à compenser l'obstacle qu'il constitue.

A cet égard le dispositif des refuges dans l'avenue des Champs-Élysées a été vivement critiqué [1]. On sait que la chaussée de cette avenue est divisée, par des refuges d'ailleurs trop courts, en trois travées égales : la première est réservée aux voitures à traction animale marchant dans un sens, le seconde aux voitures à traction mécanique marchant *dans les deux sens*, la troisième aux voitures à traction animale marchant dans l'autre sens. Ce système aurait été admissible à l'époque où les véhicules à chevaux étaient la règle et l'automobile l'exception. Actuellement cette division est absurde. Le piéton qui veut traverser les Champs-Élysées arrive très aisément à franchir la première travée où la circulation est relativement modérée et les véhicules peu rapides. Il atteint le premier refuge, et 8 mètres le séparent du second. Mais des automobiles en pleine vitesse se suivent en deux files à peu près continues dans ce canal. Pour passer entre elles, il

1. Robert Doucet, *op. cit.*

faudrait pouvoir observer à la fois dans les deux directions.
Serré contre la colonne du bec de gaz, le malheureux piéton a
l'air d'un naufragé perché sur un rocher et assailli par une mer
en furie. S'il n'a pas la chance de rencontrer une voiture coupant l'avenue et qui lui offrira un abri passager, ou si un
sergent de ville compatissant ne vient pas à son aide en arrêtant
d'un geste la fureur des flots, il pourra rester toute la journée
sur son refuge sans pouvoir gagner le nouveau relai situé à
quelques pas de lui.

A ces critiques, que chacun peut faire, l'administration a
répondu qu'elle ne pouvait pas établir un nombre impair de
refuges, parce que cela couperait la perspective de l'Arc de
Triomphe.

On a, nous semble-t-il, commis une faute, lors de la réfection
des voies de tramways, en ne ménageant pas l'espace nécessaire
à l'établissement de refuges entre les rails. Ces refuges rendent
pourtant de grands services boulevard Voltaire, avenue de la
République, etc,. etc. On les a malheureusement supprimés pour
rapprocher les deux voies sur quelques points (boulevard
Malesherbes).

Aux carrefours, la disposition des refuges varie avec la topo-
graphie, et il n'est pas possible de poser une règle générale.
En tout cas il faut noter que la circulation giratoire pratiquée
place de l'Étoile donne de bons résultats et devrait être généralisée. Il serait opportun de l'organiser notamment sur les places
du Palais-Royal et du Théâtre-Français (dans l'axe de l'avenue de l'Opéra) par un remaniement approprié des refuges et
terre-pleins. Est-ce qu'il ne conviendrait pas aussi d'établir une
place circulaire avec circulation giratoire au futur point de
jonction des boulevards Haussmann, des Italiens et Montmartre?
Si l'on n'y prend garde, on va créer là un endroit extrêmement encombré.

Les refuges ne sont pas le seul moyen de faciliter la circulation aux carrefours. Un autre procédé, supérieur même au
précédent, consiste dans l'emploi de gardiens de la paix chargés

de fermer et d'ouvrir successivement les écluses, de retenir ou
de lancer à propos le flot des véhicules. Quand ce service est
bien réglé, comme sur la place de l'Opéra, par exemple, on
peut dire que le problème de la circulation est résolu. Les
piétons peuvent traverser dans une sécurité parfaite, et le temps
d'arrêt imposé aux voitures ne dépasse guère en moyenne
3o secondes, ce qui n'a rien d'excessif. Le jour où les agents
de la brigade des voitures seront assez nombreux pour assurer
à tous les carrefours, et à toute heure, le même service régulier
qu'à l'Opéra, personne n'aura sérieusement à se plaindre des
difficultés ou des dangers de la circulation. Sans doute un
effort financier est nécessaire pour donner à la rue le personnel
de sécurité dont elle a besoin. Mais il faut se persuader que ce
personnel est aussi indispensable aux carrefours de Paris que
les aiguilleurs aux bifurcations de chemins de fer.

Pour éviter le contact entre les piétons et les véhicules, on a
imaginé de faire passer les premiers sous les seconds, c'est-à-dire
de creuser des galeries souterraines, perpendiculaires aux
chaussées encombrées. A chaque extrémité de ces galeries
aboutit un escalier d'accès s'ouvrant sur le trottoir. Jusqu'à
présent ces accès se confondent avec ceux du Métropolitain.
On a récemment proposé, dans le but de favoriser la circulation des voitures d'enfants, de substituer des plans inclinés
aux escaliers.

Lorsqu'on parle des passages souterrains, il ne faut pas
oublier que leur multiplication conduirait à l'obstruction du
trottoir ; les piétons seraient souvent obligés de marcher sur la
chaussée, ce qui augmenterait les chances d'accidents. Le
projet d'établissement d'un passage souterrain place du Théâtre-
Français ne paraît pas heureux à cet égard. Où s'ouvriraient,
en effet, les accès de ce passage ? Ce travail pourrait-il être
réalisé sans supprimer complètement de larges sections de
trottoirs où la circulation est extrêmement intense et qui sont
déjà trop étroits. Ceux qui voudront traverser, éviteront peut-être
de passer sur la chaussée, mais ceux qui ne traverseront

pas seront fatalement condamnés à marcher au milieu des voitures.

D'ailleurs il faut bien avouer que les passages souterrains ne présentent pas. au point de vue de la facilité de la circulation, l'utilité qu'on pourrait croire. Ceux qui existent déjà sont relativement peu fréquentés. Il semble que les piétons aiment mieux stationner quelques instants au bord du trottoir ou sur un refuge que de descendre et de monter 3o ou 4o marches. Une statistique, dressée l'année dernière au passage de la gare Saint-Lazare, était à cet égard absolument péremptoire.

Il y a lieu de mentionner aussi les accès des water-closets souterrains qui s'ouvrent place de la Madeleine et avenue Victoria. On a obtenu la création de ces établissements en invoquant l'exemple de Londres où ils existent effectivement. Mais nous avons dépassé la mesure : les escaliers des water-closets de la place de la Madeleine occupent un espace double ou triple de ceux que l'on rencontre sur les refuges de Oxford Circus. De plus une grille et une énorme pancarte attirent l'attention des Parisiens sur cette industrie souterraine, tandis qu'à Londres les accès ont l'apparence modeste qui convient aux établissements de cette nature.

Les escaliers débouchant sur la voie publique nous amènent tout naturellement à parler des accès du Métropolitain, autrement nombreux et vastes que ceux des water-closets. Une première observation mérite d'être faite. Elle concerne certaines superstructures qui embarrassent le trottoir en coiffant les accès (Saint-Paul, Étoile, Maillot, etc.), sans que leur utilité ou leur valeur artistique soient en aucune manière évidente. D'une manière générale, ne peut-on pas affirmer que, sous peine de supprimer partiellement le trottoir. les accès du Métropolitain doivent être autant que possible dissimulés. A cet égard on peut citer comme accès-modèles ceux du Sentier (dans une boutique). de la Concorde (sous la terrasse des Tuileries). de la Bourse (dans une enceinte qui ne fait pas partie de la voie publique), de la gare d'Orléans (dans la gare), de Saint-Germain-des-Prés (dans un angle de square précédemment inutilisé), du Nord-Sud, place Saint-Georges (dans un jardin privé). On peut ajouter à cette liste les accès directs dans les gares du Nord, de l'Est et Saint-Lazare. Avec plus d'ingéniosité, on aurait sans doute pu multiplier ces accès-modèles. En sacrifiant une pièce du rez-de-chaussée dans un certain nombre de monuments publics, on établissait très facilement les accès pratiques, et ne gênant point la circulation, pour un certain nombre de stations telles que Nation (anciens pavillons d'octroi), Reuilly (caserne des pompiers), Hôtel-de-Ville (Hôtel de Ville ou caserne Lobau), Palais-Royal (Ministère des finances), Anvers (Collège Rollin), Monceau (rotonde des gardiens du Parc), République (caserne du prince Eugène), Gambetta (mairie du XXe), Danube (hôpital Hérold), Poissonnière (caserne de la Nouvelle-France), Trocadéro (palais du Trocadéro), Cité (préfecture de police), Odéon (École de Médecine), Denfert-Rochereau (anciens pavillons d'octroi) etc... En cas d'impossibilité absolue d'établir l'accès dans le rez-de-chaussée d'un monument public, il fallait se résigner à louer des boutiques, comme à la station du Sentier. Il est à souhaiter qu'on y songe pour les lignes actuellement en construction ou en projet.

Telles sont les considérations que nous suggère la question de la circulation parisienne dans son ensemble. Il est bien évident que les améliorations apportées en ce domaine sont de nature à profiter grandement aux transports en commun, puisque ceux-ci, grâce à une circulation plus facile, peuvent atteindre une rapidité supérieure et mieux éviter les accidents.

Nous ne pouvons abandonner ce sujet sans souligner combien l'activité réglementaire de notre préfet de police a été vive et bienfaisante en ces derniers temps.

Un arrêté du 21 mai 1913 a réglementé la circulation des voitures de charge sur certains points de la voie publique à Paris. Aux termes de cet arrêté, la circulation des voitures de charge, des voitures servant au transport des matériaux de construction, des mobiliers, des camions, de toutes voitures attelées conduites au pas et des voitures à bras est interdite de 11 h. 1/2 à midi 1/2 et de 2 heures de l'après-midi à 7 h. 1/2 du soir dans les voies ci-après désignées : rue du Bac, de la Paix, de Castiglione, de Rivoli (entre la rue du Louvre et la place de la Concorde), rue de la Chaussée-d'Antin (entre le carrefour Lafayette et la place de la Trinité), place Vendôme, rue Royale, rue du Havre, grands boulevards (entre le boulevard Sébastopol et la place de la Madeleine), rue de Passy.

Une ordonnance du 21 juillet 1913 porte modification et complément de l'ordonnance générale de police du 10 juillet 1900 et de l'ordonnance de police du 28 juillet 1910 concernant la circulation. D'après l'article premier, les animaux autres que les chevaux, les mulets et les ânes, attelés ou chargés de fardeaux, ne peuvent circuler dans Paris ; les attelages de bœufs ou de vaches sont rigoureusement interdits. L'article 2 confirme le principe de la circulation à droite. L'article 3 règle les tournants et virages. L'article 4 s'occupe de la conduite au pas dans certains endroits ; l'article 5, de la circulation dans les voies à contre-allées ; l'article 6, de la circulation sur les voies de tramways ; l'article 7, de la traversée des voies publiques.

D'après cet article 7, le conducteur, traversant la voie dans sa largeur pour s'arrêter du côté opposé, ne devra pas le faire en coupant la rue obliquement ; il décrira une courbe pour faire demi-tour et venir se placer de façon qu'il ait le trottoir à sa droite, dans le sens de la circulation des voitures.

L'article 8 de la même ordonnance est relatif au droit de priorité ; il règle l'ordre de passage de plusieurs voitures se présentant simultanément pour franchir un croisement de rue.

L'article 9 vise le signal d'arrêt et de ralentissement ; l'article 10, l'arrêt en pleine voie ; l'article 11, la marche-arrière ; l'article 12, le stationnement dans le sens de la circulation ; les articles 13, 14 et 15 règlent le stationnement à l'angle des rues, dans les voies étroites et sur deux files.

L'article 16 concerne les arrêts des omnibus automobiles ; il est interdit aux véhicules de toute nature de stationner devant les points d'arrêt (facultatifs ou obligatoires) des omnibus automobiles.

L'article 17 a pour objet l'éclairage à l'arrière ; les articles 18 à 23 contiennent des dispositions relatives aux cochers et conducteurs de voitures de place ; l'article 24 a pour objet les voitures de charge, les articles 25 à 27 les voitures de marchandises et de livraison.

Les articles 28 à 41 nous intéressent particulièrement. Ils contiennent, en effet, des dispositions applicables aux tramways et omnibus automobiles.

L'article 28 impose aux tramways d'être munis, à l'avant, d'un signal spécial portant, en caractères très apparents, visibles de jour comme de nuit, un numéro indicatif de la ligne qu'ils desservent.

L'article 29 règle les arrêts facultatifs et obligatoires. Les conducteurs des omnibus automobiles doivent effectuer ces arrêts en arrêtant leurs véhicules le long et le plus près possible des trottoirs, pour permettre aux voyageurs de prendre place dans les voitures et d'en descendre sans difficulté et sans possibilité d'accident.

L'article 30 enjoint aux conducteurs d'automobiles de régler la marche de leurs voitures de façon à maintenir, en toutes circonstances, un intervalle de 30 mètres entre leur voiture et celle qui la précède. Toutefois cet intervalle, ajoute le texte, pourra être réduit à un mètre aux points d'arrêt fixe et dans les cas de barrage d'ordre sur la voie publique.

Tout excès de vitesse est formellement interdit aux conducteurs d'omnibus automobiles, soit pendant le service normal, soit pendant le service haut-le-pied.

Les receveurs des omnibus automobiles ne doivent donner le signal de mise en marche que lorsque les voyageurs qui descendent ont quitté le marche-pied de la voiture, ou lorsque ceux qui montent ont pris place dans la voiture.

On voit combien ces mesures contenues dens l'article 3o sont de nature à garantir la sécurité.

Ajoutons que l'article 31 s'occupe du signal avertisseur et que les articles 32 à 41 contiennent des dispositions spéciales à certains points de la voie publique ; notamment, ils déterminent le sens de la circulation et le trajet des véhicules place de l'Étoile, place de la Concorde, place de l'Opéra, place du Carrousel, porte Saint-Martin, avenue des Champs-Élysées, avenues de Marigny et Gabriel.

Postérieurement à cette ordonnance du 21 juillet 1913, dont nous venons d'analyser les dispositions, notre préfet de police a encore édicté des mesures importantes en matière de circulation.

Quelques jours après, une ordonnance, en date du 3o juillet 1913, modifiait les articles 189 et 2o5 de l'ordonnance du 10 juillet 1900.

Le nouvel article 189 règle la vitesse des tramways. Celle-ci est de 3o kilomètres à l'heure dans les parties sur route hors traverses et de 20 kilomètres dans les traverses. Elle est réduite à 8 kilomètres à l'heure : à la descente des rampes dont la déclivité dépasse o m. o4 par mètre ; à la traversée des croisements et au passage des bifurcations ; au passage des aiguilles prises en pointe, à la traversée des stations, haltes aux points d'arrêt ; au débouché des voies publiques très fréquentées et aux passages des points réputés dangereux. La vitesse est même ramenée à 6 kilomètres pour la traversée des portes de Paris.

L'article 2o5 défend à toute personne d'entrer dans les voitures ou d'en sortir pendant la marche ; de passer d'une voiture dans une autre, de se pencher en dehors, etc.

Une ordonnance du 1er août 1913 interdit la circulation dans Paris des véhicules automobiles dits *poids lourds*, servant au transport des matériaux et marchandises, à moins que les roues de ces véhicules ne soient munies de bandages amortisseurs en caoutchouc ou d'autres bandages empêchant ou atténuant très sensiblement les trépidations. Au surplus, la vitesse de ces véhicules ne devra pas dépasser 12 kilomètres à l'heure.

Indiquons encore l'arrêté du 4 août 1913 relatif à la circulation des voitures en un seul sens dans certaines voies publiques et l'arrêté du 8 août 1913 relatif à la circulation des voitures de place aux abords des gares de chemins de fer. Citons enfin, sans prétendre avoir fait une complète énumération, l'ordonnance du 6 décembre 1913, rendue sur l'initiative de la commission permanente de la circulation, et aux termes de laquelle « il est interdit à toute personne de se suspendre à l'arrière des voitures à traction mécanique ou à traction animale et de se tenir, pendant la marche, sur le marche-pied d'accès de ces voitures ». Cette disposition tend à faire cesser une coutume aussi répandue que dangereuse.

Toutes ces dispositions, émanées de la préfecture de police, tendent manifestement a établir une facilité et une sécurité plus grandes de la circulation. Leur actualité et leur importance pratique nous feront pardonner d'y avoir insisté.

CHAPITRE IV

LES

TRANSPORTS EN COMMUN ET LES MOUVEMENTS

DE LA POPULATION PARISIENNE

Un membre de l'Institut, Solvay a écrit : « La dépopulation
du centre des grandes villes est un criterium sûr de la prospérité économique et de l'amélioration des conditions générales
de l'existence. »

Il est certain qu'une concentration urbaine excessive engendre
de graves inconvénients qui ont été aperçus à Paris ainsi que
dans les autres capitales.

Mais, tout comme le corps humain qui réagit contre la
maladie et en triomphe parfois de lui-même, l'organisme de la
cité a trouvé en lui un remède au surpeuplement.

Le perfectionnement des moyens de transport a peu à peu
diminué et est même arrivé à supprimer l'adhérence des habitants de la cité en atténuant et faisant disparaître les obstacles
qui les y retenaient : la longueur et le coût des déplacements. Le
progrès des transports a singulièrement accru la mobilité des
personnes. Désormais il est possible d'habiter loin du centre de
ses affaires ou de ses plaisirs. C'est ainsi qu'on assiste au décon-
gestionnement du cœur de Paris [et à son expansion vers la
périphérie et la banlieue.

Nous voudrions, dans les pages qui vont suivre, mettre en
lumière ces faits si intéressants.

LA CONCENTRATION URBAINE

L'attraction des éléments ruraux par les cités n'est pas exclusivement moderne. La tendance des paysans à émigrer vers les villes s'est manifestée dès le XVIIIe siècle. De 1738 à 1788, cinquante-quatre municipalités durent prendre des mesures ayant pour objet de reculer les limites des agglomérations urbaines [1]. Quesnay père attribuait la désertion des champs au tirage de la milice [2]. Quesnay fils lui assignait comme cause la mauvaise nourriture [3]. Il n'est pas possible de nier que le développement des moyens de communication a largement contribué à la production du phénomène dont il s'agit. Une vive impulsion avait été donnée, depuis la Régence, aux travaux des routes ; la création d'un corps d'ingénieurs, pour les ponts et chaussées, entretint le zèle parmi ces hommes techniques. D'autre part il convient de noter l'exemple donné aux villes par Paris.

Paris prit au XVIIIe siècle une extension considérable. Sous Louis XV, on comptait déjà près de milles rues. Le bourg du Roule fut érigé en faubourg. Vers 1722 surgit un quartier nouveau, d'abord appelé quartier Gaillon à cause du voisinage de la porte de ce nom et ensuite nommé Chaussée-d'Antin, parce que la principale rue de ce quartier nouveau fut percée sur la chaussée, en face de l'hôtel du duc d'Antin, surintendant des finances. Dans les autres quartiers, plusieurs rues se percèrent. Les boulevards du midi s'achevèrent ainsi que les avenues qui y aboutissaient. En 1770, on commença la construction du pont de Neuilly et l'ouverture de la belle avenue qui s'étend des hauteurs de Chaillot jusqu'à celle de Courbevoie : l'avenue de la Grande-Armée faisant suite à celle des Champs-Élysées. Sous la prévôté

1. Alfred des Cilleuls, *la Population*, 1902, p. 202.
2. *Traité des grains*.
3. *Encyclopédie* V° *Fermiers*. Il ajoute même: « Les plus débiles et les plus ineptes restent dans les campagnes où ils sont aussi inutiles à l'État qu'à charge à eux-mêmes. »

de Turgot, en 1728, les rues de Paris furent, pour la première fois, désignées par des noms inscrits à l'extrémité de chacune d'elles [1]. Les fontaines prirent une place importante dans l'ornementation de la capitale.

En apprenant qu'on s'efforçait de donner à Paris un meilleur aspect, les villes se piquèrent d'amour-propre. Elles demandèrent à se rédimer des impôts directs, par des octrois ; mais les taxes sur les consommations, pour être productives, exigent une population nombreuse. On s'efforça donc d'attirer, dans les cités de quelque importance, les individus dont la présence pouvait être une source de profits, les moyens de divertissement furent multipliés, et la bourgeoisie rurale, amorcée par ces attraits, quitta ses terres pour les maisons des villes, entraînant avec elle une foule de domestiques et d'artisans [2].

Il faut ajouter que les institutions administratives et judiciaires de la France, depuis 1789, ont déterminé la formation d'un plus grand nombre de milieux susceptibles de faire affluer les habitants. Au lieu de 32 circonscriptions territoriales désignées sous le titre de généralités, il y eut 86 départements ; les 12 ressorts des Parlements se divisèrent entre ceux de 25 Cours d'appel [3].

---

1. Mais le mode actuel de numérotage ne date que de 1806.

2. Quesnay fils disait : « Tous les seigneurs, tous les gens riches, tous ceux qui ont des rentes ou des pensions suffisantes pour vivre commodément, fixent leur séjour à Paris ou dans quelque grande ville, où ils dépensent presque les revenus des fonds du royaume. » (*Encyclopédie*, V Fermiers.

3. Le tableau suivant met en lumière les résultats des circonstances indiquées :

	1789	1800
Villes ayant 100.000 âmes et au-dessus.	2	3
Villes ayant de 50.000 à 100.000	6	5
— de 25.000 à 50.000	4	21
— de 15.000 à 25.000	21	36
— de 10.000 à 15.000	23	48
— de 6.000 à 10.000	63	150

On voit que les institutions nouvelles ont accru sensiblement le nombre des villes de 6.000 à 50.000 âmes.

L'exemple de Bordeaux est particulièrement frappant. En 1693, cette ville

On voit donc que, dès avant le xixᵉ siècle, des courants importants de migration interne ont porté vers les villes un afflux de population rurale. *L'Encyclopédie*, dans son article *Population* pouvait, non sans quelque exactitude, définir les villes « des espèces de colonies que les campagnes sont obligées de repeupler tous les ans ».

Mais c'est surtout à partir du xixᵉ siècle que les agglomérations urbaines prirent un développement vraiment prodigieux. L'épanouissement de la grande industrie exerça une forte influence sur l'émigration des ouvriers ruraux. Il est d'ailleurs à remarquer que le machinisme, dont les progrès déterminèrent l'extension de la grande industrie, eut en même temps une action expulsive directe dans les campagnes. Il est probable que l'emploi des machines agricoles a été destiné d'abord à remédier à l'insuffisance de la main-d'œuvre rurale plutôt qu'à la remplacer à moindres frais [1]. Mais lorsque cet emploi s'est généralisé, il a agi comme cause expulsive et contribué, par une sorte de choc en retour, à réduire encore davantage le nombre des travailleurs agricoles.

L'accroissement des moyens de communication joue un rôle très important dans le domaine de la concentration urbaine. Tout en facilitant l'accès des cités, il mit à la portée de ces dernières les subsistances nécessaires. Certaines observations particulières ont du reste été faites à cet égard pour notre pays. On a noté que la construction des voies ferrées a fourni à beaucoup d'ouvriers agricoles l'occasion de quitter les champs. Elle comportait, en effet, et dans une proportion considérable, de simples travaux de force : déblais, terrassements, charrois, etc. pour lesquels les travailleurs ruraux semblaient préférables aux

comptait seulement 23.000 âmes ; or, au début de la Révolution, elle se trouve en avoir plus de 82.000.

Voir Alfred des Cilleuls, *op. cit.*

1. « Là où les salaires s'élèvent, la machine tend de plus en plus à se substituer aux bras de l'ouvrier, tandis qu'elle ne pénètre pas ou même recule dans les lieux où la main-d'œuvre est à bas prix. » (Cheysson, *le Salaire au point de vue statistique, économique et social*, 1884, p. 11).

ouvriers urbains. La concurrence des divers chantiers fut très vive sur le marché de la main-d'œuvre et entraîna une forte hausse des salaires. Il n'en fallait pas tant pour attirer les ouvriers agricoles, éblouis par les prix qu'on leur offrait et par la perspective d'un travail presque sans chômage [1]. C'est un fait que les ouvriers agricoles répondirent en foule à l'appel des entrepreneurs. Ensuite la construction des ports, des canaux, l'amélioration et le développement des voies terrestres de communication, l'édification des casernes et des monuments publics, les expositions universelles vinrent fournir d'autres débouchés à la main-d'œuvre et même la solliciter. L'exécution du plan Freycinet fut encore une cause puissante d'émigration rurale. « Ces ateliers ouverts tout à coup et simultanément sur tous les points du territoire, disait M. Clément Juglar [2], ces salaires dépassant de beaucoup ceux du travail agricole, n'ont pas tardé à faire sentir aux ouvriers des champs l'écart de leur prix de journée avec ceux que l'industrie exercée par l'État, sans s'occuper du prix de revient, pouvait accorder. Ils ont déserté la ferme pour le chantier public, où ils n'ont pas même pu répondre aux exigences du travail, car on a dû faire appel à l'étranger. »

Nous n'avons pas l'intention d'analyser ici toutes les causes d'ordre social, moral ou politique, qui ont pu contribuer à former les agglomérations urbaines. Nous ne parlerons ni de la recherche d'une vie réputée plus facile et de gains plus élevés, ni des séductions de toutes sortes exercées par les cités, ni de

---

1. « Ces salaires, dit M. Legoyt, généralement supérieurs du double au moins à ceux de la culture ont fait naître, chez les ouvriers qui les recevaient, des goûts, des habitudes de bien-être auxquels le retour à la vie rurale ne leur aurait pas permis de donner satisfaction. Ils ont dû ainsi quitter définitivement le village pour aller chercher, dans les villes ou sur d'autres chantiers, les moyens que l'industrie agricole, surtout avec son chômage prolongé de l'hiver, ne pouvait plus leur fournir, de continuer leur nouvelle existence. » Legoyt, *Du progrès des agglomérations urbaines et de l'émigration rurale en Europe et particulièrement en France.* Marseille, 1867, p. 93.

2. Séance de la Société d'Économie politique du 5 janvier 1882, voir *Annales de la Société,* 1882.

l'extension croissante des fonctions de l'État et des unités administratives qui a peuplé d'innombrables bureaux, ni de l'influence spéciale du service militaire au point de vue de la dépopulation des campagnes. Il nous suffit de constater le phénomène de la concentration urbaine et d'en mesurer l'importance.

On peut dire que c'est un phénomène mondial. « La force
d'attraction des groupes humains, comme celle de la matière,
a dit M. Levasseur, est, en général, proportionnelle à la
masse. » « Il convient de remarquer, dit encore M. des Cilleuls, que si les corps inertes s'attirent à travers l'espace, cette
puissance de rapprochement suppose, pour s'exercer, des rayons
qui s'étendent entre les objets réagissant les uns sur les autres.
A l'égard des hommes civilisés, le rôle de ces rayons est rempli
par les chemins de toutes catégories. L'acheminement des individus vers les grands centres de population se réalise en raison
directe du développement des voies de communication et de la
facilité des moyens de transport. » Cette formule rend frappante
l'importance des voies et moyens de transports qui est, avec le
développement de la grande industrie, le principal facteur de la
concentration urbaine. C'est par là que s'explique l'universalité
du phénomène dont il s'agit.

En 1800, l'Europe ne présentait pas une seule ville dont la
population s'élevât à un million d'habitants. A la même époque,
on ne comptait que 21 villes ayant plus de 100.000 habitants.
Leur population globale, égale au 1/35 de celle du continent,
était de 4.700.000 âmes. Un siècle après, le nombre de ces
cités a passé à 148, avec plus de 40 millions d'habitants, c'est-
à-dire le dixième de la population totale [1]. En 1800, pour
1.000 habitants de l'Europe on n'en comptait que 15 dans les
grandes villes; en 1850, cette proportion s'était élevée à 34 ;
en 1870 elle passait à 63, et elle atteint 100 à l'heure actuelle [2].

1. De Foville, *la Transformation des moyens de transport et ses conséquences
économiques et sociales*, p. 378 et suiv.

2. Meuriot, *Des Agglomérations urbaines dans l'Europe contemporaine*, 1898,
page 31.

L'accélération des courants humains vers les villes a été, en grande partie, l'œuvre du développement des moyens de transport. Toutes les agglomérations importantes ont vu s'élever le chiffre de leur population au lendemain de l'avènement de la locomotive. Avant les chemins de fer, le développement des cités était limité par les moyens d'approvisionnement qui étaient extrêmement réduits : aujourd'hui les services de transports à grande vitesse pour les denrées alimentaires peuvent être établis de façon à assurer la consommation de cinq ou six millions d'habitants. On peut dire que la population des grandes villes a approximativement doublé au cours d'une période de trente années qui s'ouvre aux environs de 1835 [1]. C'est dans cette proportion que se sont accrues, par exemple, à cette époque, les villes de Lyon, Marseille, Bordeaux, Lille, Saint-Étienne, Le Havre [2]. Les statistiques sont particulièrement éloquentes en ce qui concerne les capitales. Tandis que Londres s'était accrue, au cours de la période décennale 1821-1831, de 245.000 unités environ, elle en acquiert plus de 400.000 de 1831 à 1841 et près de 500.000 au cours de chacune des décades 1841-1851 et 1851-1861. Berlin bénéficia plus tardivement de la même loi démographique. La capitale actuelle de l'Allemagne n'était encore, lors de la brillante période du développement des chemins de fer, que la capitale de la Prusse ; elle ne pouvait exercer une attraction pareille à celle de Londres ou de Paris ; et c'est seulement dans la seconde moitié du xixe siècle qu'elle prit cet essor rapide qui devait en faire, au point de vue de la population, la rivale de Paris. Quant à notre capitale, qui, de 1817 à 1831, n'avait gagné que 72.000 habitants, elle en acquiert 113 000 dans la seule période quinquennale 1831-1836. La population parisienne était en 1836

---

1. De Foville, p. 383.

2. Lyon, après avoir compté 151.000 habitants en 1847 en renferma 324.000 en 1866. Marseille, dans le même laps de temps, a vu sa population monter de 146.000 à 300.000. Bordeaux est passé de 90.000 à 194.000 et Lille de 72.000 à 155.000 dans la même période. De Foville, *loc. cit.*

de 899.000 ; trente ans plus tard elle atteignait le chiffre de 1.825.000.

L'exode des populations rurales vers les grandes cités a suivi, sous l'influence de l'établissement des chemins de fer, une progression géométrique. Mais, lorsque cet établissement a été à peu près consommé, le courant d'immigration citadine a pris une allure moins rapide. Le mouvement de concentration urbaine a néanmoins continué à se manifester d'une manière frappante.

Encore quelques chiffres pour mesurer l'accroissement des capitales européennes depuis le début du XIXe siècle jusqu'à nos jours.

	Année 1800	Aujourd'hui
Berlin	172.000	2.089.923 (1907)
Saint-Pétersbourg	220.000	1.505.200 (1907)
Vienne	231.000	1.979.003 (1907)
Paris	548.000	2.888.110 (1911)
Londres	958.000	4.758.218 (1907)

Encore faut-il observer que ces chiffres ne tiennent compte que de la population comprise dans les limites administratives de la métropole et ne donnent pas une idée complète de l'agglomération tout entière. Si l'on a égard à celle-ci, on arrive, pour la capitale anglaise à un total de plus de 7 millions et demi d'habitants. Londres a mérité d'être appelée « une province couverte de maisons ». Berlin a 3 millions d'âmes si on lui adjoint, ainsi qu'il est raisonnable de le faire, les trois localités populeuses de Charlottenburg, de Schoneberg et de Rixdorf. Si l'on ne néglige pas de comprendre notre fourmillante banlieue dans l'agglomération parisienne, si même l'on ne s'occupe que des communes les plus rapprochées de Paris, on arrive à un total de plus de 4 millions d'habitants.

L'Europe n'est pas seule à nous offrir ce spectacle. Au commencement du XIXe siècle, Chicago n'existait pas. Philadelphie et New-York avaient respectivement 69.000 et 60.000 habitants. Actuellement, 38 villes des États-Unis ont une population supérieure à 100.000 habitants. New-York, Philadelphie et Chicago en ont, à elles trois, près de 8 millions [1].

Ce phénomène de l'accroissement considérable des grandes cités se remarque aussi bien dans les pays où la population est stationnaire, comme la France, ou même en recul, comme l'Irlande [2] que dans ceux, tels que l'Allemagne, où la population est en voie de progression frappante. Les « villes tentaculaires », suivant le mot pittoresque du poète belge Verhaeren, aspirent partout les hommes et les richesses.

Si l'on veut apprécier sainement le fait de la concentration urbaine, au point de vue de ses conséquences, il faut oublier certains souvenirs littéraires légués par les philosophes qui prêchaient le retour à la vie de nature.

« Les villes sont le gouffre de l'espèce humaine, s'écriait Rousseau dans son *Émile*. Au bout de quelques générations, les races périssent ou dégénèrent ; il faut les renouveler et c'est toujours la campagne qui fournit à ce renouvellement. » Le même anathème était jeté par d'Holbach qui remarquait que « les passions, les vices se multiplient » au sein des villes considérables. Un certain nombre de malédictions du même genre ont été proférées par des sociologues et des publicistes modernes [3].

1. *A propos de la naissance et du développement des cités américaines*, M. Tarde (dans *les Transformations du pouvoir*, 1899, chapitre : Les Capitales, p. 101), indique d'une manière très heureuse le rôle joué par les moyens de transport dans la formation des villes. « Partout où il existe dans une région une culture spéciale, une industrie spéciale, le besoin s'y fait sentir d'une ville spéciale pour la fixation des prix et la commodité des transactions : ici d'une ville de viande (Chicago), ailleurs d'une ville de vin (Bordeaux) ou d'une ville de soie (Lyon), etc. Si la nécessité dont il s'agit est plus rapidement et plus infailliblement sentie en Amérique que jadis dans notre Europe, c'est parce qu'il y existe, grâce à l'invention des chemins de fer et des télégraphes, des moyens de communication plus faciles. S'il y avait eu au XIIIᵉ siècle des voies ferrées, combien de villes y auraient prospéré qui n'ont pas pris naissance ! »

2. L'Irlande se dépeuple. Or cela n'a pas empêché la croissance de Dublin, Belfast, Londonderry.

3. Max Nordau considère la croissance des villes comme une cause essentielle de dégénérescence. Un statisticien anglais, J.-B. Longstaff, déclare

Gardons-nous des exagérations et des déclamations. Il n'y a pas un fait, sur notre planète, qui ne soit mélangé de bien et de mal « Rien n'est bon, rien n'est mauvais, disait Claude-Bernard, tout dépend de la dose ».

Comment pourrait-on nier que le développement des centres urbains ait été profitable aux intérêts généraux de l'humanité ? Il a été l'un des facteurs les plus puissants des progrès de la science et de la civilisation. Cette vérité a parfois été méconnue. On a même vu un économiste, M. des Cilleuls, écrire[1] :

« Lavoisier démontra que le meilleur mode à suivre, pour l'éclairage des villes, c'était la multiplicité des foyers à faible intensité. La même loi régit la distribution des lumières intellectuelles et morales. Les progrès de la civilisation n'ont point attendu, pour se manifester, que les capitales de l'Europe et les villes importantes de chaque État renfermassent des habitants par millions ou centaines de mille. »

C'est, au contraire, aux foyers de grande intensité, aux centres d'émancipation intellectuelle qu'ont été les grandes cités qu'il convient d'attribuer les développements de la science et de la culture artistique. C'est des agglomérations urbaines que sont, la plupart du temps, sorties les idées fécondes, grâce auxquelles les institutions politiques ont été orientées dans un sens libéral et démocratique. Enfin, n'est il pas évident que les grandes villes manufacturières ont créé l'outillage économique des peuples modernes, provoqué l'essor du commerce et de l'industrie, augmenté considérablement la richesse publique et le bien être qui n'est pas l'un des aspects les moins réels du bonheur humain ?

Mais, en revanche, le surpeuplement des cités a entraîné des maux incontestables. Il semble bien établi que la mortalité

qu'un séjour de longue durée dans les villes s'accompagne nécessairement d'une dégénérescence plus ou moins forte de la race. Süssmilch a dit que « les grandes villes sont des ornements de l'État, mais aussi des monstruosités très dangereuses. » Robert Owen et Fournier n'ont pas fait figurer les grands centres de population dans leurs constructions sociales.

1. *La Population*, p. 204-205.

urbaine est supérieure à la mortalité générale. On se rappelle
l'enquête publiée en 1890, sur la survie comparée de la France
et du département de la Seine, par le Dr Lagneau[1]. Il en
résultait que, sur un groupe de 10.000 enfants, 5.452 survi-
vaient de vingt à trente ans dans la France et seulement 3.567
dans la Seine. Le même savant estimait que la population parisienne, livrée à ses seules forces, diminuerait de moitié d'une
génération à l'autre et qu'il faudrait dix-huit générations pour
l'épuiser totalement (soit environ cinq siècles et demi).

D'autre part, M. Benoît-Lévy, dans son ouvrage *l'Enfant des
Cités-Jardins*[2], a montré que la mortalité dans les cités-jardins
est de beaucoup inférieure à celle des cités avoisinantes. Par
exemple, à Bournville, pour les six dernières années, la mortalité générale a été de 7 o/oo contre 17 o/oo à Birmingham,
et la mortalité infantile de 70 o/oo contre 200 o/oo.

Que dire des conséquences du surpeuplement au point de vue
de l'hygiène individuelle et familiale, de la moralité publique?
Les habitants s'entassent dans des locaux excessivement restreints
et insalubres, où ils sont guettés par les germes de nombreuses
maladies et surtout de la tuberculose. Nous n'insisterons pas ici
sur cette véritable maladie de la grande cité contemporaine qui
s'appelle la crise du logement. Nous y reviendrons plus longuement au cours de cette étude. Qu'il nous suffise, pour
l'instant, de dire que la lutte contre le logement malsain est
d'une des questions sociales les plus douloureuses de l'époque
actuelle.

Le taudis est un agent de désastres innombrables, matériels
et moraux ; il est certainement l'élément le plus actif de la
désorganisation de la famille ouvrière. Or, le logement insalubre vient du loyer cher, et le loyer cher vient de la surpopulation.

On peut donc affirmer que, si la grande cité a été un foyer

1. *Essai de statistique anthropologique sur la population parisienne.*
2. Paris, 1912, p. 27.

de civilisation et de richesse, le surpeuplement compromet les intérêts vitaux de la race. Dans les organismes sociaux, comme dans les autres, la pléthore est un mal. A la congestion des centres urbains, il fallait un remède ; celui-ci apparut au sein même de la ville sous la forme des transports en commun.

C'est ce phénomène de réaction, pour ainsi dire instinctive de l'organisme urbain contre sa surpopulation que nous voudrions faire apparaître à la lumière des chiffres. Nous allons voir la population du centre de Paris se déplacer de plus en plus vers la périphérie et la banlieue.

L'Expansion vers la périphérie et la banlieue

Le mouvement centrifuge qui a éloigné les habitants du centre de notre capitale a présenté deux ondes. L'une a entraîné les Parisiens vers la périphérie, l'autre les a portés vers la banlieue.

Comme l'a très bien dit M. d'Avenel, l'agglomération se vide en son centre pour se remplir sur les bords, et, à un développement, trop longtemps vertical, succède un développement horizontal.

Les tableaux qui suivent vont mettre en comparaison les chiffres enregistrés successivement, pour les 80 quartiers de Paris, par les dénombrements de 1891, de 1901 et de 1911.

D'autres tableaux mettront en regard les chiffres donnés par les mêmes dénombrements pour toutes les communes du département de la Seine.

ARRONDISSEMENTS COMMUNAUX ET QUARTIERS	POPULATION			POURCENTAGE DE L'AUGMENTATION OU DE LA DIMINUTION		
	1891	1901	1911	De 1901 sur 1891	De 1911 sur 1901	De 1911 sur 1891
Premier :						
St-Germain-l'Auxerrois....	9.143	8.087	6.685	— 11 54	— 17 33	— 26 88
Les Halles.............	30.198	30.153	28.650	— 0 14	— 4 98	— 5 12
Palais-Royal............	14.005	13.359	12.253	— 4 84	— 8 27	— 12 50
Place Vendôme.........	13.053	12.169	11.448	— 6 77	— 5 92	— 12 29
	66 399	63.768	59.037	— 3 96	— 7 41	— 10 08
Deuxième :						
Gaillon...............	8.442	7.414	6.043	— 12 17	— 18 49	— 28 41
Vivienne..............	11.861	10.568	9.771	— 10 90	— 7 54	— 17 62
Mail.................	18.979	16.892	15.722	— 10 90	— 6 92	— 17 16
Bonne-Nouvelle.........	30.530	29.393	28.868	— 3 72	— 1 78	— 5 44
	69.812	64.267	60.404	— 7 94	— 6 01	— 13 47
Troisième :						
Arts-et-Métiers..........	24 751	24.388	23 513	— 1 46	— 3 58	— 5 00
Enfants-Rouges...........	21.397	21.308	20.682	— 0 41	— 2 93	— 3 34
Archives...............	21.511	22.231	21.024	— 3 34	— 5 42	— 2 26
Sainte-Avoie	22.341	22.303	21 592	— 0 17	— 3 18	— 3 35
	90.000	90.230	86.811	+ 0 27	— 3 78	— 3 54
Quatrième :						
Saint-Merri.............	24.914	24 899	23 908	— 0 06	— 3 98	— 4 05
Saint-Gervais............	42.009	42.153	43.400	+ 0 12	+ 2 95	— 3 09
Arsenal................	18.993	20 093	20 474	+ 5 47	+ 1 89	— 7 79
Notre-Dame	14.040	13.184	12.595	— 6 09	— 4 46	— 10 29
	100.046	100.329	100 377	+ 0 28	+ 0 40	— 0 33
Cinquième :						
Saint-Victor............	27.390	28.574	28.642	+ 4 14	+ 2 57	— 4 57
Jardin-des-Plantes........	27.136	28.264	30 224	+ 4 17	— 6 90	+ 11 40
Val-de-Grâce	33.752	34 009	35.565	— 2 53	+ 2 76	— 5 37
Sorbonne.	29.277	27.751	26.947	— 5 21	— 2 89	— 7 95
	117.549	119 198	121 378	+ 1 38	+ 1 82	— 5 24
Sixième :						
Monnaie...............	18.510	19.074	19.169	+ 3 04	+ 0 49	— 3 56
Odéon.	21.761	21.890	22.307	+ 0 59	+ 2 31	+ 2 92
Notre-Dame-des-Champs...	43.669	46.020	45.383	+ 5 36	— 1 38	+ 3 92
Saint-Germain-des-Prés...	16.203	15.798	16.044	— 2 49	+ 1 55	— 0 98
	100.143	102.782	102.993	+ 2 63	+ 0 20	+ 2 84

ARRONDISSEMENTS COMMUNAUX ET QUARTIERS	POPULATION			POURCENTAGE DE L'AUGMENTATION OU DE LA DIMINUTION		
	1891	1901	1911	De 1901 sur 1891	De 1911 sur 1901	De 1911 sur 1891
Septième :						
Saint-Thomas-d'Aquin....	29.383	26.570	27.809	— 9 57	+ 4 66	— 5 35
Invalides................	15.073	16.608	15.717	+ 9 24	— 5 36	+ 4 27
Ecole militaire..........	19.961	20.894	20.329	+ 4 46	— 2 70	+ 1 84
Gros-Caillou............	33.533	38.425	42.421	+ 14 58	+ 10 40	+ 26 51
	97 950	102.497	106.279	+ 4 64	+ 3 69	+ 8 50
Huitième :						
Champs-Élysées.	15.663	16.240	15 666	+ 3 68	— 3 53	+ 0 02
Faubourg du Roule......	25.140	25.509	25.996	+ 1 44	+ 1 90	+ 3 40
Madeleine...............	27.292	25.596	23.613	— 6 21	— 7 74	— 13 48
Europe..................	39.390	39.826	39.360	+ 1 10	— 1 17	— 0 07
	107.485	107.171	104.635	— 0 29	— 2 36	— 2 61
Neuvième :						
Saint-Georges...........	37.060	38.360	38.880	+ 3 50	+ 1 35	+ 4 91
Chaussée-d'Antin........	23.634	21.263	16.706	— 10 03	— 21 43	— 29 81
Faubourg Montmartre.....	23.629	23.656	22.957	+ 0 11	— 2 95	— 2 84
Rochechouart...........	36.966	40.732	41.083	+ 9 24	+ 0 86	+ 11 13
	121.289	124.011	119.626	+ 2 24	— 3 53	— 1 37
Dixième :						
Saint-Vincent-de-Paul.....	41.957	40.126	39.611	— 4 36	— 1 28	— 5 92
Porte Saint-Denis........	29.706	28 830	27.849	— 2 94	— 3 40	— 6 25
Porte Saint-Martin.......	40.992	41.727	40.199	+ 1 76	— 3 66	— 1 93
Hôpital Saint-Louis.......	42.689	44.169	43.502	+ 3 46	— 1 51	+ 1 90
	155.344	154.852	151.161	— 0 31	— 2 38	— 2 69
Onzième :						
Folie-Méricourt..........	53.794	58.430	58.380	+ 8 61	— 0 08	+ 8 52
Saint-Ambroise	47.069	50.038	50.002	+ 6 30	— 0 07	+ 6 23
Roquette................	71.509	78.118	79.481	+ 9 24	+ 1 74	+ 11 14
Sainte-Marguerite	44.644	52.163	54.432	+ 17 73	+ 3 55	+ 21 92
	217.016	239.149	242.295	+ 10 19	+ 1 31	+ 11 64
Douzième :						
Bel-Air.................	10.497	16.284	22.658	+ 55 13	+ 39 14	+115 85
Picpus.................	46.119	56.445	65.388	+ 22 38	+ 15 84	+ 41 78
Bercy	8.958	10.931	12.024	+ 2 20	+ 9 99	+ 34 22
Quinze-Vingts	46.091	46.402	50.944	+ 0 67	+ 9 78	+ 10 52
	111.665	130.062	151.014	+ 16 47	+ 16 10	+ 35 23

ARRONDISSEMENTS COMMUNAUX ET QUARTIERS	POPULATION			POURCENTAGE DE L'AUGMENTATION OU DE LA DIMINUTION		
	1891	1901	1911	De 1901 sur 1891	De 1911 sur 1901	De 1911 sur 1891
Treizième :						
Salpêtrière............	23.425	24.743	25.955	+ 5 62	+ 4 89	+ 10 80
La Gare...............	38.508	46.147	49.984	+ 19 83	+ 8 31	+ 29 80
Maison Blanche.........	34.087	39.556	46.941	+ 16 04	+ 18 66	+ 37 70
Croulebarbe...........	14.936	17.428	19.506	+ 16 68	+ 11 92	+ 30 59
	110.956	127.874	142.386	+ 15 24	+ 11 34	+ 28 32
Quatorzième :						
Montparnasse...........	26.667	30.765	32.255	+ 15 36	+ 4 84	+ 20 35
La Santé..............	9.777	11.773	13.396	+ 20 41	+ 13 78	+ 37 01
Petit-Montrouge	24.736	33.256	39.456	+ 34 44	+ 18 64	+ 59 50
Plaisance	51.458	66.901	78.416	+ 30 01	+ 17 21	+ 52 38
	112.638	142.695	163.523	+ 26 68	+ 14 59	+ 45 17
Quinzième :						
Saint-Lambert..........	28.585	37.240	52.901	+ 30 27	+ 42 05	+ 85 06
Necker................	37.971	50.256	61.447	+ 32 35	+ 22 26	+ 61 82
Grenelle..............	35.586	42.302	52.172	+ 18 87	+ 23 33	+ 46 60
Javel.................	17.165	23.387	32.490	+ 36 24	+ 38 92	+ 89 28
	119.307	153.185	199.010	+ 28 39	+ 29 91	+ 66 80
Seizième :						
Auteuil................	19.286	29.963	39.010	+ 55 36	+ 30 19	+ 102 27
Muette	23.550	31.128	42.140	+ 32 17	+ 35 37	+ 78 93
Porte-Dauphine.........	17.690	25.470	30.496	+ 43 97	+ 19 73	+ 72 39
Chaillot	28.700	34.570	38.528	+ 20 45	+ 11 44	+ 34 24
	89.226	121.131	150.174	+ 35 76	+ 32 23	+ 68 30
Dix-septième :						
Les Ternes.............	38.916	46.262	48.393	+ 18 87	+ 4 60	+ 24 31
Plaine-Monceau.........	30.585	39.547	42.429	+ 29 30	+ 7 28	+ 38 72
Batignolles.............	55.774	59.930	60.874	+ 6 93	1 57	9 14
Epinettes	50.467	60.469	64.136	+ 19 81	+ 6 06	+ 27 08
	175.742	206.208	215.832	+ 17 33	+ 4 66	+ 22 84
Dix-huitième :						
Grandes-Carrières........	52.910	76.261	85.751	+ 32 79	+ 22 04	+ 62 07
Clignancourt...........	93.455	108.455	115.219	+ 16 05	+ 6 23	+ 23 28
Goutte-d'Or...........	44.087	48.570	47.821	+ 10 16	— 1 54	+ 8 47
La Chapelle...........	23.806	26.305	25.926	+ 10 49	— 1 44	+ 8 90
	214.258	253.591	274.717	+ 18 35	+ 8 33	+ 28 21

ARRONDISSEMENTS COMMUNAUX ET QUARTIERS	POPULATION			POURCENTAGE DE L'AUGMENTATION OU DE LA DIMINUTION		
	1891	1901	1911	De 1901 sur 1891	De 1911 sur 1901	De 1911 sur 1891
Dix-neuvième :						
La Villette.............	51.339	53.531	54.722	+ 4 26	+ 2 22	+ 6 59
Pont-de-Flandre.........	14.050	16.221	17.262	+ 15 45	+ 6 41	+ 22 80
Amérique-.............	22.105	27.652	33 389	+ 25 09	+ 20 74	+ 51 04
Combat...............	40.894	47.549	50.491	+ 16 27	+ 6 18	+ 23 46
	128.388	144.953	155.864	+ 12 90	+ 7 52	+ 21 40
Vingtième :						
Belleville	50.313	55.162	57.922	+ 9 63	+ 5 00	+ 15 12
Saint-Fargeau	11.119	14.850	19.952	+ 33 55	+ 34 35	+ 79 44
Père-Lachaise...........	43.481	52.744	56.041	+ 21 30	+ 6 25	+ 28 88
Charonne	37.831	43.359	46.679	+ 14 61	+ 7 65	+ 23 38
	142.744	166.115	180.594	+ 16 37	+ 8 71	+ 26 51
Paris en entier..........	2.447.957	2.714.068	2.888.110	+ 10 87	+ 6 41	+ 17 98

Nous voyons donc que, tandis que le centre de Paris n'a cessé de se dépeupler, les régions situées à la limite administrative de la cité ont vu constamment, et dans une proportion notable, leur population s'accroître.

Quelques exemples sont particulièrement frappants. De 1891 à 1911 le quartier Saint-Germain-l'Auxerrois a perdu 26, 88 o/o de sa population ; la Chaussée-d'Antin, 29,81 o/o ; Gaillon 28,41 o/o. Au contraire Bel-Air a gagné 115,85 o/o, Auteuil 102,27 o/o, la Muette 78,13 o/o, la Porte-Dauphine 72,39 o/o.

Suivons maintenant la deuxième onde du mouvement centrifuge, celle qui détermine un accroissement progressif de la population de la banlieue.

COMMUNES	POPULATION DOMICILIÉE EN			POURCENTAGE DE L'AUGMENTATION OU DE LA DIMINUTION DE		
Arrondissement de Saint-Denis	1891	1901	1911	1901 sur 1891	1911 sur 1901	1911 sur 1891
				En +	En +	En +
Asnières	19.575	31.336	42.583	+ 60 08	+ 35 89	+ 117 58
Aubervilliers	25.022	31.215	37.558	+ 24 75	+ 20 32	+ 50 09
Bagnolet	6.124	8 799	15.744	43 68	78 92	157 08
Bobigny	1.540	1.946	3.660	26 36	88 07	137 66
Boudy / Pavillons-sous-Bois	3.638	6.353	12.885	74 62	17 99	254 17
Boulogne	32.569	44.416	57.027	36 37	28 39	75 09
Le Bourget	2.250	2 868	3.979	27 01	38 74	76 21
Clichy	30.698	39.521	46.676	28 74	18 10	52 04
Bois-Colombes / Colombes / La Garenne-Colombes	18.918	35.787	54.637	89 16	+ 0 87	188 80
Courbevoie	17.597	25.330	38.138	43 94	50 56	116 73
La Courneuve	1.542	2.200	3.341	42 67	51 86	116 66
Drancy	1.104	2 247	4.190	12 95	23 60	279 52
Dugny	611	644	615	5 40	— 4 71	0 65
Epinay	2 591	3.438	5.912	32 69	71 96	128 17
Jennevilliers	5.837	10 056	14 003	72 28	39 25	139 90
Ile Saint-Denis	2.268	2.874	3.117	26 71	8 45	37 43
Levallois-Perret	39.857	58.073	68.703	45 70	18 30	72 37
Les Lilas	6 417	8.925	11.654	39 08	30 57	81 61
Nanterre	10.430	14.140	21.349	35 57	50 98	104 68
Neuilly	29.444	37.493	44 616	27 33	18 99	51 52
Noisy-le-Sec	5.772	9 759	13.648	69	39 85	136 45
Pantin	21.847	29.716	36 359	36 01	22 35	66 42
Pierrefitte	1.824	2 863	4.268	56 96	49 07	133 99
Pré Saint-Gervais	8.138	11.078	13.805	36 12	25 15	70 37
Puteaux	17.646	24 341	32.228	37 94	32 38	82 60
Romainville	2.106	2.961	5.676	40 59	91 69	169 51
Rosny	2.603	4.329	6.933	66 30	60 15	166 34
Saint-Denis { Ville / Plaine	50.992	60 808	71.759	19 25	18 01	40 72
Saint-Ouen	25 969	35.436	41.904	36 45	18 25	61 36
Stains	2.500	2 959	3.584	18 36	21 12	43 36
Suresnes	8.404	11.225	16 248	33 56	44 74	92 33
Villemomble	3.725	6 104	8 959	63 86	46 77	140 51
Villetaneux	718	836	950	15 04	15 01	32 31
Total pour l'arrondissement de Saint-Denis	410.284	569.066	746 763	38 70	31 22	82 01

COMMUNES	POPULATION DOMICILIÉE EN			POURCENTAGE DE L'AUGMENTATION OU DE LA DIMINUTION		
Arrondissement de Sceaux	1891	1901	1911	1901 sur 1891	1911 sur 1901	1911 sur 1891
				En +	En +	En +
Alfortville	7.984	15.980	18.267	100 15	14 31	128 79
Antony	1.967	3.068	4 490	55 97	46 34	128 26
Arcueil	6 088	8.425	11.319	38 38	34 35	85 92
Bagneux	1.580	2.199	2.752	39 17	25 14	74 17
Bonneuil	535	671	770	25 97	14 24	43 92
Bourg-la-Reine	3.009	4.181	5 011	38 95	19 85	66 53
Bry-sur-Marne	1.437	2 125	2.949	47 87	38 77	105 21
Champigny	4.624	6.655	10.426	43 92	56 66	125 47
Charenton	15.306	17.980	19 499	17 47	8 44	27 39
Chatenay	1.339	1.706	2.019	27 40	18 34	50 78
Châtillon	2.426	3.353	4.203	38 21	25 35	73 24
Chevilly	674	832	1.108	23 44	33 17	64 39
Choisy-le-Roi	8.449	11.607	15.908	37 37	37 05	88 28
Clamart	5.491	7.391	11.376	34 60	53 91	107 17
Créteil	4.090	4 923	6.116	20 36	24 23	49 53
Fontenay-aux-Roses	2.652	3.402	4.463	28 28	31 18	68 28
Fontenay-sous-Bois	5.836	9.320	15.192	59 69	3 00	160 31
Fresnes	611	2.400	3.037	292 79	26 54	397 05
Kremlin-Bicêtre						
Gentilly	15.017	19.263	25.651	33 16	33 16	70 81
Issy	12.836	16 639	23.175	29 68	39 28	80 63
Ivry	22.357	28 585	38.307	27 85	34 01	71 33
Joinville-le-Pont	4 324	6 016	8 349	39 13	38 78	93 08
Le Perreux	6.699	11.149	15.971	66 42	43 35	138 40
L'Haye	760	1.011	1.315	33 02	30 07	73 02
Maisons-Alfort	7.853	10.547	16.466	34 30	56 12	109 67
Malakoff	9.144	14 341	19 789	56 83	37 98	116 41
Montreuil	23.986	31.773	43.217	92 46	36 01	80 17
Montrouge	11.992	17.298	22 771	44 24	31 64	89 88
Nogent	8.399	10 186	11.051	26 03	32 73	67 39
Orly	839	856	893	2 02	4 32	6 43
Plessis-Robinson	397	549	686	38 28	24 95	72 79
Rungis	265	268	265	1 13	— 1 13	0 00
Saint-Mandé	11.329	15.726	19 227	38 81	22 26	69 71
Saint-Maur	17.333	23.035	33 852	32 89	46 95	95 30
Saint-Maurice	6.653	7.325	8.958	10 10	22 29	34 64
Sceaux	3 567	4.541	5.532	27 30	21 82	55 08
Thiais	2.616	3.018	4.036	15 36	33 73	54 28
Vanves	6.815	10.915	15.545	60 16	42 41	128 09
Villejuif	4 294	5.835	8.671	35 88	48 60	101 93
Vincennes	24.626	31.405	38 568	27 52	22 88	109 03
Vitry	7.161	9.894	14.969	38 16	51 29	109 03
Total pour l'arrondissement de Sceaux	283.354	386.796	519.169	36 50	34 22	83 22

L'accroissement de la banlieue saute aux yeux.

La population de l'arrondissement de Saint-Denis, qui était en 1891 de 410.284 habitants, a passé en 1901 à 569.066 et en 1911 à 746.763. L'augmentation est de 38,70 o/o à 82,01 o/o.

L'arrondissement de Sceaux voit sa population augmenter de 283.354 habitants en 1891, à 386.796 en 1901 et à 519.169 en 1911, soit un accroissement de 36,50 o/o à 83.22 o/o.

Si l'on prend une à une les localités comprises dans ces arrondissements, on voit que toutes, sauf une ou deux exceptions, ont gagné un nombre important d'habitants. Drancy gagne, en 1911, 279,52 o/o sur 1891, Bondy 254,17 o/o, Bagnolet 157,08 o/o, Pierrefitte 133,99 o/o, Le Perreux 138,40 o/o, Vanves 128,09 o/o, Fontenay-sous-Bois 160,31 o/o, Fresnes 397,05 o/o, etc.

Pour avoir maintenant une idée très générale du phénomène, rapprochons les chiffres totaux pour la Ville de Paris et les arrondissements de Saint-Denis et de Sceaux.

TOTAL POUR LE DÉPARTEMENT

	POPULATION DOMICILIÉE EN			POURCENTAGE DE L'AUGMENTATION		
	1891	1901	1911	1901 sur 1891	1911 sur 1901	1911 sur 1891
Arrondissement de St-Denis.	410.284	569.066	746.763	38 70	31 22	82 01
Arrondissement de Sceaux...	283.354	386.796	519.169	36 50	34 22	83 22
Ville de Paris..	2.447.957	2.714.068	2.888.110	10 87	6 41	17 98
Total.....	3.141.595	3.669.930	4.141.042	16 81	12 92	31 90

Il est clair que la banlieue se développe plus rapidement que Paris. De 1891 à 1911, Paris n'a gagné que 17,98 o/o ; la banlieue a gagné 82,61 o/o.

Le mouvement, il serait facile de le montrer, s'étend à la grande banlieue elle-même. En vingt ans, la population des communes de Seine-et-Oise desservies par des chemins de fer a augmenté de 45 o/o.

Le mouvement centrifuge dont nous venons de préciser la double manifestation n'est pas d'ailleurs particulier à Paris ; on l'aperçoit dans toutes les métropoles contemporaines. Partout la cité se décongestionne.

Le desserrement du centre au profit de la périphérie a été observé [1] : à Londres pour la Central Area qui comprend les onze districts de Saint-Georges, Hannover Square, Westminster, Marylebone, Saint-Pancras, Saint-Gilles, Strand, Nolborn, City-Shoreditch, Saint-Georges in the East, Stepney.

A Berlin, pour les six standeramtsbezirke de l'intérieur et surtout pour les premier et deuxième districts (Alstadt et Friedrichstadt) qui sont le cœur de la Cité.

A New-York, pour les quartiers 1 à 6, 8 et 14, qui en sont le centre commercial et financier.

A Saint-Pétersbourg, pour les cinq arrondissements, plus spécialement centraux de l'Amirauté, de Kuzan, de Spasskaïa, de Kolemna et de Litéinaja ;

A Rome, pour les cinq rioni de Parione, Santo-Eutachio, Pigna, Regole et Santo-Angelo.

D'autre part l'exode vers la banlieue n'est pas moins sensible pour les capitales européennes, Londres et Berlin, notamment, que pour Paris [2] et Londres, l'ensemble des localités formant l'Outer-Ring comptaient, en 1861, 418.000 habitants et la métropole 2.803.000 ; la part de la banlieue dans la population globale du Greater London était donc seulement de

1. Chassaigne, *op. cit.*, p. 129.
2. Chassaigne, *loc. cit.*, p. 134.

13 o/o. Que voyons-nous trente ans plus tard ? La population
de l'Outer-Ring était de 1.422.coo, celle de Londres de
4.211.000 habitants. L'accroissement des localités suburbaines
avait donc été de 240 o/o, tandis que celui de la métropole
avait été de 50 o/o.

Même constatation pour la banlieue de Berlin. Elle était
presque inhabitée au commencement du xix° siècle ; car elle
n'avait pas même 10.000 âmes, ce qui correspondait à une
densité moindre de trois habitants par kilomètre carré. A partir de 1871, le peuplement de la banlieue berlinoise est
devenu prodigieux. En 1895, il était de 435.000 habitants.

INFLUENCE DES TRANSPORTS EN COMMUN

Les moteurs de ce mouvement centrifuge que nous avons
étudié sont les transports en commun.

Déjà, en 1868, Proudhon écrivait[1] : « Dès lors qu'un
particulier peut, sans inconvénient, faire chaque jour ses affaires
à Paris et avoir son domicile à Versailles, à Saint-Denis, à
Saint-Germain, à Sceaux, à Pontoise, à 15, 20, 25 kilomètres
de la barrière, il n'y a point de raison pour qu'il préfère le
séjour de la ville à celui de la campagne. »

Un autre observateur, vers la même date, attribuait à l'influence du Chemin de fer de Ceinture les progrès des quartiers
périphériques[2]. « Prenons, disait-il, notre plan de Paris et
jetons les yeux sur les quartiers extrêmes de la rive droite, la
Villette, la Chapelle, Batignolles, etc ; nous y voyons un réseau
serré de rues, laissant à peine entre elles quelques rares espaces
vides, dont le nombre va en diminuant de jour en jour ; des
cités nouvelles, cités commerçantes et industrielles par excellence, ont surgi là, pour ainsi dire comme par enchantement,

1. Réformes à opérer dans l'exploitation des chemins de fer.
2. Cité par Chassaigne p. 139.

aux portes de la cité ancienne, là où la campagne ouverte s'étendait naguère ; et, dans ces rues, que de mouvement, que de vie et quelle intensité de circulation ! Qu'a-t-il fallu pour produire tout cela ? Des voies de communication. La création du Chemin de fer de Ceinture donna le signal ; les établissements industriels qui vinrent se fonder sur son parcours fournirent un premier noyau de population, qui s'accrut rapidement ; des quartiers nouveaux se formèrent, prirent un constant développement, communiquèrent d'abord avec le centre par des voies spacieuses et commodes, puis entre elles, grâce au service des voyageurs qui se fit sur le chemin de ceinture. »

Les raisons de préférer la campagne à la ville viennent, pour la masse de la population, de la cherté des loyers urbains, de préoccupations sanitaires et même sentimentales. « C'est là, en effet, dit M. Benoît-Levy, la tristesse de la vie en nos grandes villes que l'homme y vit constamment séparé de la nature. » Le rêve inné au cœur de tout être humain est d'avoir un jardin. Nous reparlerons de la réalisation de plus en plus effective de ce désir, ainsi que du prix de l'habitation qui éloigne aussi le citadin.

Pour l'instant nous voudrions seulement montrer, par quelques exemples, la relation étroite qui existe entre le mouvement centrifuge de la population et les moyens de transport en commun [1]. Bien que cette relation soit assez évidente par elle-même, il n'est pas sans intérêt d'y insister et de la faire apparaître d'une manière vivante par les faits.

Londres est une première illustration de la vérité que nous exprimons [2]. L'exode de la population londonienne vers la banlieue s'est surtout accentué en 1883, lorsque le « Chop Train Act » apporta un abaissement considérable du tarif de

---

1. Voir, sur cette question, Kuhles, au XVIIe Congrès international de tramways et de chemins de fer d'intérêt local, sur « La politique du peuplement des villes et les transports ».

2. Fontaine, *les Logements ouvriers à Londres.*

transport entre la métropole et la banlieue. En exécution de
cette loi, la Compagnie du Great Eastern délivra des billets
d'aller et retour quotidiens pour des stations situées à 12 milles,
de Londres, moyennant un prix hebdomadaire de un shilling.
Cet exemple ne tarda pas à être suivi par les autres compagnies. Il en résulta que de nombreuses localités, jusqu'alors
presque vides, virent affluer vers elles la population urbaine. Ainsi
Edmonton, qui se trouve à 8 milles 3/4 de Londres, vit ses
habitants tripler de 1881 à 1901. Les trains ouvriers quotidiens
entre cette localité et Londres se multiplièrent ; il n'y en avait
que 3 en 1883 ; en 1901 il y en eut 7 et 10 en 1911. Le tarif
moyen est de 2 d., aller et retour, soit dans les trains, soit dans
les tramways, pour les transports matinaux des ouvriers.

Le nombre des trains entre Londres et les diverses localités de
banlieue s'accrut très vite. En 1883, le Great Eastern mettait
en service 23 trains ouvriers ; en 1907, ce nombre passait à
107. Pour le South Eastern et Chatham, les chiffres ont été
respectivement de 15 en 1883 et de 138 en 1907 ; pour le
Metropolitan district de 13 en 1883 et de 272 en 1907. Cette
année-là, 1.373 trains amenaient les ouvriers à Londres entre
5 heures et 7 h. 1/2. A la même date les relations entre
Londres et sa banlieue étaient assurées par 3.800 tramways.

Les ouvriers et les employés anglais ont trouvé beaucoup
d'avantages à résider en banlieue. En tenant compte des frais
de leurs voyages journaliers aller et retour, on constate que
chacun d'eux réalise un bénéfice hebdomadaire de 4 d. à
1 shilling 6.

Nous pourrions trouver à l'étranger de nombreux exemples
analogues. Si, notamment, en Allemagne, à Stockholm, à
Copenhague, à Prague, la population citadine se répand dans
la banlieue, c'est à cause de la multiplication et du perfectionnement des transports.

Contentons-nous de regarder nos voisins les Belges.

En Belgique, on constate que Bruxelles se dépeuple rapidement au profit des communes suburbaines (15.799 habitants

de moins en dix ans). C'est ainsi que Forest, de 1900 à 1910, a vu passer sa population de 9.431 à 24.398 habitants ; que Woluwe s'est augmentée, pendant la même période, de 5.418 habitants (152 o/o). Mais les ouvriers de Bruxelles ont leurs habitations encore bien plus loin, puisqu'il y a chaque jour un mouvement de 40.000 à 50.000 ouvriers gagnant la ville le matin et la quittant le soir. Ce fait est dû aux dispositions prises par le ministère Jamar, dès 1869. On connaît les facilités de la circulation en Belgique. Un abonnement ouvrier de 0 fr. 95 permet de faire, six fois par semaine, dans chaque direction, un parcours de 5 kilomètres ; pour 1 fr. 25 on peut, dans les mêmes conditions, accomplir 10 kilomètres ; pour 1 fr. 50, 20 kilomètres ; pour 2 francs, 40 kilomètres, etc. Ainsi, comme le dit M. Georges Benoît-Levy, l'ouvrier n'est plus esclave ni des circonscriptions électorales, ni des propriétaires ; il est rendu libre d'établir son logement à proximité de la campagne.

Nous allons maintenant examiner à Paris même le rapport entre le progrès des transports et le mouvement centrifuge de la population. Ce rapport est devenu de plus en plus manifeste à mesure que les voies de communication ont été plus méthodiquement aménagées.

Si nous nous reportons aux tableaux précédemment fournis, nous voyons que les quartiers de Paris qui ont vu leur population s'accroître, entre 1891 et 1911, le plus notablement, sont ceux qui, d'un recensement à l'autre, ont bénéficié de l'ouverture de lignes du Chemin de fer Métropolitain ou de l'électrification de lignes de tramways. Il en est ainsi des quartiers de Grenelle, de Javel, de Clignancourt, du Petit-Montrouge, de la Gare et de Maison-Blanche.

D'autre part les communes du département de la Seine qui ont vu leurs habitants s'accroître dans la proportion la plus considérable sont celles qui disposent de moyens de communication multiples, et spécialement de tramways [1].

---

1. Chassaigne, *loc. cit.*, p. 143, 144.

Qu'on examine, du reste, la figure géométrique de cet organisme singulièrement étendu et complexe que constituent
aujourd'hui les voies de transport en commun ! Toutes ces
voies, même le Métropolitain, sont disposées en branches
d'étoiles et rayonnent vers la circonférence ; elles rendent
visible, par un graphique naturel, le mouvement centrifuge dont
il s'agit. Les divers rouages de cet organisme sont en connexion
manifeste. Les dernières stations du Métropolitain mettent les
voyageurs en contact avec les premières stations des tramways
de banlieue. D'autre part le Métropolitain assure le contact
avec les réseaux de chemin de fer qui desservent la petite et la
grande banlieue ; les gares Saint-Lazare, du Nord, de l'Est, de
Lyon, d'Austerlitz sont toutes reliées au Métropolitain par des
accès intérieurs. De leur côté les autobus, jouant en quelque
sorte un rôle de rabatteurs, conduisent les habitants aux gares
et aux tramways de banlieue.

Quant aux tramways, ils font communiquer le centre avec
la périphérie et avec la banlieue. Les tramways de pénétration
jouent un rôle prépondérant dans le transport des habitants de
la banlieue à Paris et vice-versa.

Lorsque Paris n'était pas surpeuplé et que le besoin d'en sortir, soit pour des raisons économiques, soit par goût de promenade, n'était guère développé, les moyens méthodiques de
communication entre la capitale et sa banlieue furent très rudimentaires. Au début du XVIIᵉ siècle, il n'y avait que des chaises
à porteur et des carrosses de louage[1]. En 1650, Louis XIV
accorda au sieur Villerme le privilège de mettre à la disposition
des Parisiens de grandes et petites carrioles de louage pour
aller jusqu'à leurs « maisons des champs et ailleurs ». En 1664
un privilège accordé à Nicolas Pecquet fit apparaître des
calèches tirées par un cheval et pouvant aller jusqu'à deux
lieues. En 1790, l'industrie des transports devint libre. On vit
alors une multitude de voitures appelées « coucous » s'offrir

1. Martin, *loc. cit.*, p. 168 et suiv.

aux Parisiens pour les conduire aux environs. En 1837, à l'époque de l'apparition du premier chemin de fer, un certain nombre de services de voitures publiques fonctionnèrent entre la capitale et ses environs. A partir de 1837, et surtout de 1849 les tramways vinrent remplacer les voitures publiques et favoriser de plus en plus l'exode auquel nous avons assisté.

Dans le but de développer encore davantage cet exode on a même proposé de prolonger la ligne du Métropolitain dans la banlieue [1].

Le Conseil municipal de Paris a refusé d'étudier le projet, craignant un mouvement considérable de dépopulation de la capitale. Il est certain, en effet, que s'il était possible de se rendre du centre de Paris aux environs en moins d'une demi-heure, beaucoup d'employés y transporteraient leur domicile. Il suffit, pour s'en rendre compte, de considérer le mouvement énorme auquel donne lieu journellement le transport des banlieusards à la gare Saint-Lazare.

Et maintenant essayons de pénétrer l'avenir démographique de notre capitale.

Où s'arrêtera le mouvement de décentralisation urbaine que conditionne, nous l'avons vu, le progrès des moyens de locomotion en commun ?

Certains pensent que le mouvement centrifuge va en s'accentuant et ils prophétisent l'époque où le centre de Paris, semblable à la Central Area de Londres, sera occupé presque exclusivement par le commerce, les théâtres et les musées, et ne sera plus guère habité que par les concierges et les veilleurs de nuit. « Les cités de l'avenir, dit M. Vandervelde [2], seront bien moins des centres d'habitation que des agglomérations de monuments, des lieux de réunion ou de travail, des rendez-vous d'affaires, de plaisirs et d'études. » Et M. Georges de Montenach déclare que « Nous sommes à la veille d'une transformation capitale des

<hr>

1. Séance de la Société d'Économie sociale, 1895. *Bulletin*, p. 698.
2. *L'Exode rural et le retour aux champs*, p. 318.

cités, rendue possible par la multiplication des moyens de communication rapides et bon marché; celles-ci vont se dégager sans difficulté, en quelque sorte éparpiller leurs éléments dans les campagnes à des distances toujours plus considérables de l'ancien noyau central demeuré seul compact. »

D'autres estiment que le cœur de Paris ne sera jamais la solitude inhabitée qu'est, la nuit le centre de Londres. D'après eux, les Parisiens seront, par tempérament, retenus, au moins pendant très longtemps encore, auprès de leurs affaires ou de leurs plaisirs.

Mais il ne faut pas oublier que, suivant une formule évidente, les voies de communication suppriment les distances. Habiter la périphérie, habiter la banlieue même, ce n'est nullement s'éloigner de ses plaisirs ou de son travail, pourvu qu'on ait une station de Métropolitain ou de tramways à proximité de sa résidence. D'autre part, il n'est pas niable que les avantages de l'habitation en banlieue ou dans les quartiers périphériques se font chaque jour plus sensibles. Aussi, croyons-nous pouvoir conjecturer que le centre des grandes villes, de Paris en particulier, ne sera plus guère, dans un avenir plus ou moins proche, un lieu d'habitation, si ce n'est pour les étrangers de passage.

CHAPITRE V

LES TRANSPORTS EN COMMUN

ET LA CRISE DU LOGEMENT

La crise du logement est l'une des questions les plus inquié-
tantes de l'heure actuelle. La hausse des loyers, le logement
des familles nombreuses et les manifestations bruyantes dont
sont le prétexte les périodes du petit terme, c'est-à-dire les environs du 8 des mois de janvier, d'avril, de juillet et d'octobre,
servent de base à bien des développements, des dissertations et
des récriminations.

Les ménages pauvres sont naturellement les plus atteints.
Comme il leur faut cependant un logement, ils doivent accepter ce qu'ils trouvent après de longues et fatigantes recherches
et s'entasser dans des appartements insalubres, trop heureux de
découvrir un abri.

Et cette situation est plus douloureuse encore pour les
familles nombreuses. On a cité des exemples particulièrement
navrants à ce sujet. C'est un ménage ayant dix enfants qui,
offrant de payer son loyer d'avance, est repoussé partout et
doit passer plusieurs nuits dehors avant d'être hospitalisé (pro-
visoirement) par la préfecture de police. C'est un père de
famille qui, las de visiter inutilement des locaux qu'on ne veut
pas lui louer à cause de ses cinq enfants, déclare, à sa dernière tentative, n'avoir que deux enfants et introduit les autres
dans des sacs. De tels exemples pourraient être multipliés.

Les conséquences sociales de ce lamentable état de choses

sont incalculables. Indépendamment des dangers trop réels d'une promiscuité forcée, le taudis est le grand pourvoyeur de la tuberculose. Les études du service sanitaire de Paris ont démontré que, dans certains quartiers insalubres et surpeuplés, la mortalité due à la tuberculose était de 10 o/oo habitants, tandis que la moyenne pour la France n'atteint pas 2 o/oo.

Ce n'est pas seulement à Paris, d'ailleurs, que le surpeuplement occasionne de tels ravages. Dans certaines grandes villes de France, et notamment dans les cités industrielles telles que Limoges, Brest, Lille, Nantes, Saint-Étienne. Cherbourg, la situation est aussi très inquiétante. Mais c'est certainement à Paris que le mal est le plus grand.

Dans notre capitale, non seulement le taudis, pourvoyeur de toutes les maladies et de la mort, règne trop encore, mais on a noté l'accroissement continu du nombre des locaux garnis dans les quartiers de la périphérie [1].

En 1907	671	locaux garnis
En 1908	804	—
En 1909	1.649	—
En 1910	2.216	—
En 1911	4.600	—

La progression est effrayante. L'hôtel est devenu le refuge des familles qui ne peuvent trouver de logements. Et quels hôtels ? En quoi, souvent, se distinguent-ils des taudis ?

Sans doute le phénomène de la hausse des loyers a des aspects moins tristes que celui que nous venons d'indiquer. Les propriétaires, même s'ils sont altruistes, ne peuvent manquer de trouver quelque satisfaction dans l'augmentation des valeurs locatives qui est, le plus souvent, le corollaire de l'élévation des loyers.

Si l'on compare les valeurs locatives et vénales moyennes dans les vingt arrondissements, on constate que ces valeurs sont généralement plus élevées en 1910 que dix ans aupara-

1. Conseil municipal de Paris. Procès-verbaux, 30 mars 1912.

vant. Le développement de la propriété bâtie s'est surtout
manifesté dans la périphéric de la ville ; dans certains quartiers de cette périphérie, notamment à Bel-Air, dans le
XIIe arrondissement, la plus-value constatée dans le nombre
des propriétés atteint jusqu'à 24 o/o par rapport à celle qui
résultait de la revision précédente.

Le rapport de la Direction générale des contributions directes
dit que tous les arrondissements parisiens, sans exception, ont
contribué à l'augmentation de la valeur locative. « Dans le centre
de Paris, y lit-on, la hausse des loyers est la cause exclusive de
la plus-value. Depuis quelques années, le commerce de luxe
s'est concentré dans certains quartiers (Chaussée-d'Antin, Madeleine, place Vendôme, etc.) où les appartements autrefois affectés
à l'habitation ont été transformés en locaux commerciaux ou
industriels et loués à des prix très élevés. C'est ainsi, toujours
d'après le rapport officiel, que, depuis dix ans, la valeur locative des vingt-quatre immeubles de la place Vendôme, proprement dite immeubles où il n'existe plus aujourd'hui d'appartements loués bourgeoisement — a passé de 2.247.812 à
3.435.432 francs. soit une augmentation de 53 o/o. Et même
convient-il de remarquer que plusieurs de ces immeubles font
l'objet de baux déjà anciens et n'ont pas encore subi d'augmentation de loyer; mais cinq maisons, dont la valeur locative
s'élevait. il y a quelques années à peine à 410.230 francs,
sont louées actuellement 1.068.020 francs. soit une augmentation de 657.790 francs représentant plus de 160 o/o. Dans la
périphérie, au contraire, l'augmentation de la valeur locative
résulte tant de la hausse des loyers que du développement de
la matière imposable. »

Si tous les arrondissements ont contribué à l'accroissement
de la valeur locative, il n'en a pas été de même pour la valeur
vénale.

Cette dernière est en augmentation dans le plus grand
nombre des quartiers, mais elle est en diminution dans les
quartiers où les immeubles ne présentent plus le confortable

qu'on recherche actuellement ; on cite, parmi ces quartiers, ceux de Bonne-Nouvelle, Sainte-Avoye, la Monnaie, l'Odéon. Le fait s'explique d'autant mieux qu'il se construit des immeubles, présentant tout le confort recherché, dans des quartiers où, il y a quinze ans, on n'aurait pas soupçonné qu'on en pût bâtir. Cette possibilité est manifestement survenue par suite de l'amélioration des moyens de transport.

Mais, dans une question aussi grave que celle du logement populaire, il convient de prendre surtout en considération l'intérêt de la collectivité, abstraction faite des avantages de quelques-uns. Il ne faut pas oublier que la lutte contre le taudis est, par la force même des choses, la lutte contre la tuberculose, contre l'alcoolisme, contre la dépopulation. Les sociologues, les spécialistes, les hommes de cœur et d'intelligence clairvoyante ne s'y sont pas trompés.

M. Jules Siegfried, dans une conférence faite en 1891, disait que « l'amélioration du logement populaire est la première des questions sociales ».

M. Cheysson s'écriait de son côté : « Cette question de l'habitation ouvrière est comme une sorte de carrefour où se rencontrent, pour se donner la main, toutes les œuvres qui se sont donné la noble mission de lutter contre une des misères sociales. Toutes ont affaire à ce même ennemi ; toutes aussi ont intérêt à concerter leur action pour lui livrer un suprême et décisif assaut. Elles tenteraient une œuvre vaine en cherchant à venir à bout des divers fléaux qu'elles ont la spécialité de combattre, si elles ne s'efforçaient d'en tarir la source commune. Comment épuiser le tonneau des Danaïdes si le taudis le remplit plus vite encore que ne peut le vider chacune de ces fédérations ».

Or, nous allons noter, au cours de ce chapitre, quels sont les bienfaits qu'on peut retirer, en ce domaine si important, des transports en commun. Nous disions tout à l'heure que c'est aux modes perfectionnés de locomotion qu'on doit attribuer l'augmentation de la valeur vénale des immeubles ; car ils ont permis de construire des maisons confortables et luxueuses dans des quartiers où la chose n'eût pas été possible il y a quinze ans: les propriétaires leur doivent donc, à cet égard, de la reconnaissance.

Mais combien plus grande doit être pour eux la reconnaissance des classes populaires. Le progrès des transports publics va nous apparaître, en effet, sinon comme un remède absolu, du moins comme une sensible et bienheureuse atténuation de la crise des loyers.

Pour le montrer, il nous faudra étudier cette crise en elle-même, et rechercher d'abord ses causes, puis indiquer les remèdes qui ont été proposés.

Les causes de la crise

Le phénomène de la hausse des loyers n'est pas particulier à la capitale de la France. A Londres, notamment, on a constaté une élévation constante des petits loyers depuis vingt-cinq à trente ans. Des observations semblables ont été faites pour les autres capitales et pour beaucoup de grandes villes d'Europe.

Comme l'a dit M. Mesureur [1], les propriétaires, bénéficiaires des phénomènes économiques, n'en sont pas plus responsables que les victimes. Mais les préjugés sur les maladies sociales sont de même nature que les préjugés sur les maladies individuelles ; on gémit sur les effets du mal dont on souffre, sans vouloir en avouer ou en reconnaître les causes. Leur pénétration peut seule pourtant enrayer le mal. Depuis longtemps M. Vautour est l'objet de critiques et de satires. Mais, dit M. Mesureur, le satiriste émousserait la pointe de son crayon ou de sa plume contre le propriétaire moderne : c'est le plus

1. Dans une communication à l'Académie de Médecine sur l'habitation et la santé publique à Paris.

souvent une société anonyme dont les titres sont dispersés entre les mains de milliers de porteurs.

La crise du logement à Paris affecte un caractère plus complexe. Elle n'est plus dans le conflit entre deux intérêts opposés. Elle résulte d'une presque impossibilité pour de nombreuses familles, et, pour les familles nombreuses, de se loger. C'est là un des phénomènes économiques qui pèsent le plus lourdement sur la génération présente. A quoi tient-il ?

L'élévation des loyers obéit sans doute à beaucoup d'influence, qui toutes ont le même résultat.

Mais il faut reconnaître que la loi de l'offre et de la demande, fondamentale en économie politique, joue ici un rôle très important.

Le surpeuplement des grandes villes provoque une augmentation de la demande des logements. La hausse des loyers londoniens, par exemple, vient de l'accroissement de population du comté de Londres par suite de l'émigration rurale occasionnée par la crise agricole. A Paris, également, la loi de l'offre et de la demande s'est exercée et, tandis que la population a constamment augmenté, le nombre des locaux vacants a diminué.

On peut donc dire que la diminution du nombre des locaux vacants a été une cause prépondérante de l'élévation des loyers.

Voici comment se répartissent les vacances, par catégories, en 1910 :

Locaux d'habitation vacants, à Paris,
à la date du 31 décembre 1910

Catégories.	Nombre de locaux dans chaque catégorie.	Sur 100 locaux combien de chaque catégorie?
De 1 à 99 francs	363	3.37
100 199 —	1.818	16.77
200 299 —	1.699	15.67
300 399 —	1.217	11.24
400 499 —	1.085	10.03
500 599 —	415	3.86
600 699 —	480	4.46
700 799 —	292	2.72
800 899 —	310	2.89
900 999 —	183	1.71
1.000 1.000 —	266	2.48
1.100 1.199 —	100	0.96
1.200 1.299 —	193	1.81
1.300 1.399 —	110	1.05
1.400 1.499 —	90	0.86
1.500 1.999 —	443	4.12
2 000 2.499 —	422	3.92
2.500 2.999 —	228	2.14
3.000 3.999 —	330	3.07
4.000 4.999 —	216	2.02
5.000 6.999 —	253	2.36
7.000 9.999 —	131	1.24
10.000 14.999 —	91	0.86
15.000 19.999 —	32	0.33
20.000 et au-dessus.	24	0.26
Totaux.	10.795	100.00

En comparant ce tableau des locaux vacants au 31 décembre
1910, à celui de l'année précédente, on constate que, sur
100 locaux, il y en avait moins de vacants en 1910 qu'en
1909, pour les cinq premières catégories ; la proportion était,
en effet, en 1909, de 3.28 o/o pour la première catégorie, de
18.72 o/o pour la deuxième, de 16.55 pour la troisième, de
11.69 pour la quatrième et de 12.17 pour la cinquième. Les
proportions des vacances sont, au contraire, plus élevées en
1910 qu'en 1909 pour la plupart des autres catégories, à partir

de la sixième incluse. Les septième, huitième, dixième et treizième sont encore au-dessous, en 1910, de la proportion de 1909.

La proportion des vacances pour les appartements de 20.000 francs et au-dessus s'est élevée de 0,19 o/o en 1909 à 0,26 en 1910, mais elle est encore très faible, et cela semble justifier la tendance qu'ont les constructeurs à élever des maisons ayant des appartements confortables, la proportion très faible des vacances pour la plupart des catégories d'appartements au-dessus de 500 francs peut y inciter.

Si l'on compare le chiffre des locaux vacants en 1910 à certains chiffres antérieurs, on voit d'énormes différences : au 1er janvier 1897, le nombre total des locaux vacants à Paris s'élevait à 45.334 ; au 1er janvier 1903, il était de 29.610 ; au 31 décembre 1909, il n'était plus que de 13.974 et on a vu qu'en 1910 on était tombé à 10.795 locaux vacants seulement.

Il y a lieu d'insister quelque peu sur ce point et d'expliquer, dans la mesure du possible, ce phénomène de la diminution du nombre des locaux vacants. Le prix des loyers se trouve soumis à la loi de l'offre et de la demande. Or il est incontestable que, tandis que la population de Paris augmente sans cesse, les locaux vacants se raréfient. La population parisienne s'est accrue, pendant les quinze dernières années, de plus de 350.000 âmes. D'autre part, alors qu'on comptait, en 1899, 42.000 logements vacants de toutes catégories, ce chiffre se trouve réduit en 1911 à 10.795 dont la moitié à peine (5.127) comportant des loyers inférieurs à 400 francs.

Cette réduction du nombre des locaux vacants est imputable, dans une certaine mesure, au ralentissement du mouvement des constructions. Certes nous ne voulons pas contester la prospérité de l'industrie du bâtiment. Mais on ne saurait nier que la fin du xixe siècle a été une période de constructions excessives et que cette véritable fièvre s'est calmée depuis 1900. Qu'on nous permette de nous appuyer ici sur des documents officiels. Nous lisons, dans *la Statistique générale de la France, salaires et coût de l'existence à diverses époques jusqu'en 1910* (chap. 2 : Prix des loyers, p. 94 et 95), les constatations et conclusions suivantes [1] :

« Dans *le Livre foncier de Paris*, publié par la Direction du Cadastre de la Seine, ouvrage auquel il faut toujours se reporter quand on veut étudier le mouvement de l'habitation à Paris, le tableau graphique numéro 5 permet de se rendre compte du mouvement des contructions, car il fait connaître le nombre des propriétés bâties aux quatre années 1862, 1878, 1889, 1900. Les nombres successifs, pour Paris entier, sont : 66.578, 74.740, 83.717, 88.587. De sorte que d'une époque à la suivante, l'accroissement annuel du nombre des constructions est donné par les chiffres suivants.

	Périodes		
	1862-1878	1878-1889	1889-1900
accroisement annuel	510	815	443

» Les chiffres mettent bien en évidence le mouvement rapide des constructions de 1878 à 1889. Mais ce mouvement ne s'est point étendu à tous les quartiers de Paris ; on peut même dire qu'il n'a été vraiment accentué que dans certains quartiers. Si l'on cherche les quartiers où l'accroissement relatif du nombre des maisons a été le plus considérable durant cette période, on trouve que ce sont les quartiers de la plaine Monceau et de la porte Dauphine, de l'Europe, de Bercy, c'est-à-dire des quartiers où l'on rencontre relativement peu de petits loyers. L'arrêt de la hausse des loyers de plus de 1.000 francs après 1889 doit donc bien être imputé en grande partie à l'excès du mouvement des constructions qui a précédé cette date.

» En somme, la fièvre de construction qui s'est manifestée surtout dans divers quartiers de l'Ouest de Paris et a atteint son point culminant en 1881-1882 a été suivie d'un ralentissement progressif. L'excès des constructions a amené un arrêt de la hausse des loyers dans les catégories auxquelles se

1. Imprimerie Nationale, 1911.

rapportent la plupart des maisons construites, c'est-à-dire dans les catégories des moyens et des hauts loyers. Depuis 1900, les prix se sont relevés et ce relèvement semble imputable, en grande partie, au ralentissement du mouvement des constructions et la réduction du nombre des locaux vacants qui en a été la conséquence [1]. »

N'exagérons rien cependant. Le ralentissement du mouvement des constructions ne saurait expliquer, à lui seul, la raréfaction des locaux vacants. Aussi bien ce ralentissement est-il lui-même en voie de cesser.

Le nombre des demandes en autorisation de bâtir a présenté le mouvement suivant dans les années 1911 et 1912 :

	1911	1912	Augmentation
Pour les constructions nouvelles	1.516	1.708 +	192
Pour les surélévations	234	803 +	69
Avec un nombre d'étages			
a) pour les constructions nouvelles de	5.883	7.340 +	1.457
b) pour les surélévations	404	535 +	131

Ces chiffres sont élevés, comparés à certains antérieurs. En 1896, par exemple, les chiffres de permissions de bâtir étaient sensiblement inférieurs à ceux que nous venons de citer. Les permissions pour constructions n'ont été alors que de 910, celles pour surélévations que de 814 ; le nombre des étages pour les constructions était de 4,878 et pour les surélévations de 384.

Le tableau ci-dessus prouve l'activité actuelle de la construction des immeubles à Paris.

La raréfaction des locaux vacants s'explique aussi par le nombre considérable des démolitions. « Sous l'administration

---

1. On trouvera dans l'ouvrage de M. Halbwachs : *les Expropriations et le prix des terrains à Paris* (1909). Tableau B. p. 172, un état annuel des constructions nouvelles de 1860 à 1900. On pourra consulter aussi, sur ce point, l'article de M. Albert Fontaine : *Notes sur Paris, Société de statistique de Paris* p. 47.

du baron Haussmann, dit M. Hubert-Valleroux [1], des maisons
vastes, pourvues de jardins et pas chères (j'habitais une de
celles-là) ont été démolies pour faire place à des maisons
hautes avec de sombres courettes et d'un prix tel que les habitants expropriés ne pouvait songer à venir s'y fixer.

» On appelait cela, dans le style officiel du temps « faire cir-
» culer l'air et la lumière dans les quartiers déshérités ». Ces
mesures ont produit une forte hausse des loyers, d'autant que
ces grands travaux attiraient beaucoup d'ouvriers à Paris. La
gestion municipale restreignait le nombre des habitations bon
marché en augmentant la population. »

Les démolitions sont encore nombreuses aujourd'hui. De
1907 à 1910, il a été démoli 11.000 locaux d'un loyer inférieur
à 500 francs ; et il en a été créé 21.000, soit seulement une
augmentation de 2.750 logements par an pour faire face aux
besoins d'une population nouvelle de 350.000 habitants.

De 1891 à 1900, les disparitions d'immeubles, consécutives
à des démolitions totales ou partielles, ont entraîné une perte
de valeur locative de 39.645.021 francs ; mais les constructions nouvelles ont créé de nouvelles valeurs locatives pour une
somme de 127.084.354 francs.

De 1901 à 1910, on a élevé annuellement, en moyenne,
1.000 constructions entières et 1.000 additions de constructions ; les démolitions totales ont été de 750 et les démolitions
partielles de 400.

Chacun peut constater que les hôtels particuliers disparaissent de plus en plus pour céder la place aux maisons de rapport
et aux appartements munis du confort moderne. Il en est de
même des jardins et des espaces libres [2].

En 1912, on a procédé à des reconstructions et on y procède encore actuellement, dans le centre même de Paris, dans

1. A propos de la cherté des loyers, dans *la Réforme sociale* du 1er juin
1912, p. 695.
2. Il y a dix ans, le XVIe arrondissement possédait encore 3.000 maisons
avec jardins ; il y en avait 2.000 dans le XXe ; 1.700 dans le XVe.

le voisinage de l'Opéra. A la place des anciennes maisons on élève des immeubles munis du confort moderne ou mieux adaptés à l'exercice de commerces spéciaux.

Les démolitions sont une cause évidente d'élévation des loyers Elles diminuent le nombre des logements modestes ; lorsque le nombre de ceux-ci ne suit pas la même progression que la population, il est naturel que le prix des loyers s'accroisse : tel est le jeu normal de la loi de l'offre et de la demande. D'autre part, les municipalités accomplissent d'ordinaire les travaux publics à l'aide d'emprunts. Or, il faut payer l'amortissement de ces emprunts. « On peut compter, dit M. Hubert-Valleroux[1], que cela coûtera aux contribuables le double au moins de la somme procurée par l'emprunt. Ainsi les contribuables parisiens paieront au moins 1.800.000.000 francs l'emprunt de 900 millions contracté par la ville l'année dernière. » D'où augmentation de l'impôt foncier, et, par suite, des loyers.

Aux démolitions, envisagées comme facteur de la raréfaction des locaux vacants, il convient d'assimiler les désaffectations. Un grand nombre de locaux naguère occupés bourgeoisement servent actuellement au commerce et à l'industrie. C'est ainsi que la place Vendôme, les quartiers Gaillon, de la Madeleine et de la Chaussée-d'Antin sont devenus à peu près exclusivement des quartiers d'affaires et n'ont presque plus d'appartements loués bourgeoisement[2].

La raréfaction des locaux vacants, si importante qu'elle soit, n'est pas néanmoins la seule cause de l'élévation des loyers. Il faut tenir compte d'autres influences dont il serait vain de chercher à fournir une liste complète, mais dont certaines

---

1. *Op cit.*

2. En 1901, le montant total des valeurs locatives des 24 immeubles de la place Vendôme était de 2.247.812 francs. Actuellement elles s'élèvent à 3.435.432 francs. A la place des hôtels particuliers, on voit des maisons de commerce et des ateliers de l'industrie de la mode.

méritent d'être relevées. Parmi celles-ci, on a signalé l'augmentation des impôts sur la propriété bâtie.

Les propriétaires d'immeubles reportent tout naturellement sur les locataires le fardeau dont la loi les charge. Ceci est élémentaire et nous reporte à la vieille, mais toujours vraie, loi de l'incidence de l'impôt. Il est remarquable seulement que ceux qui plaignent — et avec raison — les locataires et sont en quête d'un remède n'aient point trouvé celui-là. Il est certain pourtant que les loyers — et spécialement les loyers parisiens — doivent en bonne partie leur prix élevé à l'excès des impôts, et, comme ces impôts croissent toujours, on peut compter que les loyers augmenteront de leur côté. Il n'est point hors de propos d'insister là-dessus parce que le public ne s'en doute assurément pas. Si l'on prend un électeur quelconque, de préférence un électeur appartenant au monde ouvrier, et si on lui dit que les contributions que doivent payer les propriétaires viennent d'être augmentées, il ne manquera pas d'en témoigner sa joie. Il ne lui vient pas à l'idée que c'est sur lui et ses co-locataires que le fardeau tombera.

Il convient aussi de faire un place à l'accroissement du salaire des ouvriers du bâtiment [1]. Cette élévation est très sensible et elle correspond à une moindre intensité de travail, de telle sorte que le prix de revient des constructions est sensiblement plus élevé qu'autrefois. Ce facteur de la cherté des loyers, qui a été bien souvent signalé, n'est guère aperçu par les ouvriers. Lors des grèves d'ouvriers maçons, il est à remarquer que les charpentiers, les couvreurs, etc., et beaucoup de braves gens se déclarent partisans des réclamations des ouvriers. Ceux-ci, disent-ils, n'ont-ils pas raison de demander une diminution de travail, un accroissement de salaires ? Et ils poussent naïvement à la grève, par un esprit de solidarité mal comprise en la circonstance ; ils versent aux grévistes

---

1. Les ouvriers maçons, qui construisaient le Panthéon en 1789, avaient des salaires de 40 à 45 sous. Aujourd'hui les maçons gagnent 8 francs.

des dons qui prolongeront la résistance, tout au moins, ils fournissent aux soupes populaires, ce qui est une vrai subvention au mouvement. Nul de ceux qui agissent ainsi ne se dit qu'il travaille à augmenter son loyer et celui de ses concitoyens. C'est ainsi que les grévistes reçoivent encouragement et assistance de gens qui, dans l'intérêt public, dans l'intérêt même de ces ouvriers en grève, devraient s'abstenir de ces interventions imprudentes.

On peut aussi faire état, en outre de l'élévation du prix de la main-d'œuvre, de la hausse du prix de certains matériaux et, surtout, de l'élévation du prix des terrains. Le propriétaire, payant plus cher son immeuble, se rattrape sur les locataires.

Le terrain était un élément de dépense dont les seigneurs d'autrefois ne se préoccupaient guère. Dans nos grandes villes, dans Paris surtout, le terrain arrive à représenter une valeur égale et parfois supérieure à celle de la maison de rapport qui l'occupe. Dans le quartier Gaillon, par exemple, le mètre vaut 1040 francs. Par suite de l'ouverture du boulevard Raspail un terrain sis à l'angle de la rue du Cherche-Midi s'est vendu récemment aux criées du tribunal 950 francs le mètre. On a ainsi une idée du prix de revient, avec le coût de la main-d'œuvre et les charges fiscales, des immeubles édifiés sur de tels terrains.

Un terrain sis dans le centre de Paris vient d'être acheté dix mille francs le mètre !

Il ne faut pas, d'ailleurs, se dissimuler que la mise en état ou l'amélioration des moyens de communication d'un quartier (création d'une ligne d'autobus ou de tramways, ouverture d'un chemin de fer souterrain) contribuent à l'élévation du prix des terrains et au renchérissement des loyers. Nous venons de citer l'exemple du boulevard Raspail ; il est certain que le Nord-Sud a été en partie la cause de l'élévation du prix des terrains et des loyers dans cette magnifique artère récemment inaugurée par le Chef de l'État. Pour prendre un autre exemple, le quartier de Javel a vu le prix de ses loyers augmenter de 20 o/o de 1901 à 1910. Or cette augmentation a coïncidé avec l'ouverture à la circulation de la rue de la Convention, de l'avenue Emile-Zola, de l'avenue Félix-Faure, de la rue Balard, avec l'aménagement des terrains du Champ de Mars, avec la mise en exploitation du Nord-Sud et la création de la ligne métropolitaine Auteuil-Opéra.

Il n'est pas douteux, d'une manière générale, qu'un appartement situé à proximité du Métropolitain, du Nord-Sud ou d'un moyen quelconque de locomotion publique se loue plus cher en raison même de ce voisinage.

Dans une certaine mesure, le développement des transports a donc été cause du mal. Mais il est curieux et consolant de constater qu'il est en même temps le remède à la cherté des loyers, parce qu'il permet de dériver de plus en plus le trop plein de la population urbaine vers l'extérieur, c'est-à dire vers le loyer meilleur marché. Cela nous apparaîtra encore plus clairement dans la suite de ce chapitre.

Avant d'en terminer avec la recherche des causes, indiquons encore une cause de la cherté des loyers spéciale aux très petits logements. C'est la difficulté qu'ont les propriétaires à obtenir de la justice le paiement des loyers en retard. « Je sais, dit M. Hubert-Valleroux que, pour les âmes sensibles et irréfléchies, le propriétaire de maison est uniquement un être avide qui pressure ses locataires et que la force publique aurait grand tort de soutenir. Il y en a, en effet, de très durs, mais veut-on que les propriétaires paient leurs impôts, toujours en augmentation, les réparations nécessaires aux immeubles et autres frais analogues, s'ils ne peuvent compter sur les loyers ? Or les frais de justice sont tels qu'actuellement, en face d'un petit locataire qui ne paie pas, le propriétaire a intérêt à dire : « Je vous » fais grâce du terme échu ; déguerpissez. » Mais si le locataire refuse de déguerpir, il faut, pour le mettre dehors ou pour se faire payer, si le propriétaire le désire, une procédure dont ce propriétaire supportera en définitive la plus grosse part. Ce sont ces fâcheux abus qui amènent les propriétaires à majorer le prix de ces petits logements ; les bons paient pour les mauvais. On comprend aussi qu'un propriétaire hésite à construire des logements ouvriers. Il en serait autrement si la procédure d'expulsion ou de paiement était ce qu'elle devrait être et ce qu'elle n'est pas, simple, prompte et peu coûteuse [1]. »

Ce qui a été fait a l'étranger

La France, nous l'avons dit, n'est pas seule à souffrir de la congestion des centres urbains et de la cherté des loyers. Presque toutes les nations européennes souffrent du même mal et elles ont dû aviser — plus tôt que nous, parfois, parce que le mouvement s'est manifesté chez elles avec plus de force que chez nous — aux moyens de pourvoir de logements les ouvriers qui ne pouvaient trouver d'habitation convenable pour un prix modique ; ou chercher à enrayer l'exode rural en retenant le cultivateur à la terre. Le problème a été résolu de façons différentes, selon la nature de la crise et selon son acuité.

Il est intéressant de résumer la tâche qu'elles ont accomplie. La façon d'appliquer le remède peut varier, mais le remède lui-même ne saurait varier : c'est l'argent fourni à bon compte par l'État, la commune ou les établissements publics.

Un examen rapide permettra de s'en rendre compte.

L'Allemagne, dont la population augmente dans des proportions considérables et dont les villes, par suite de l'extension sans cesse croissante de l'industrie, ont pris un développement excessif, a pâti avant nous de la crise du logement urbain. Elle s'est efforcée de faciliter la construction d'habitations à bon marché. Ses efforts, dans ce sens, ont été remarquables ; les associations privées se sont multipliées, encouragées par l'État ou les municipalités qui leur ont consenti, sous

---

1. *La Réforme sociale*, 1912, p. 697.

certaines garanties, des avances d'argent à des conditions particulièrement favorables, ou ont fait construire directement des logements. C'est ainsi que, fréquemment, l'État loue à ses agents peu fortunés des habitations qu'il fait édifier, ou fournit les fonds nécessaires, et que les communes, lorsque leurs ressources personnelles sont insuffisantes, empruntent à un taux avantageux les espèces qu'elles prêtent à leur tour aux associations d'habitations à bon marché. Elles cèdent parfois gratuitement le terrain. Hambourg, Francfort, Strasbourg, Dresde, Munich se sont spécialement distinguées par leur initiative qui a revêtu les formes les plus diverses et donné des résultats presque inespérés. Les offices d'assurances contre la vieillesse ou l'invalidité ont, depuis une vingtaine d'années, la faculté d'employer une large part de leurs capitaux dans le même objet.

L'Angleterre, avec un sens pratique qu'on ne saurait trop louer, a poursuivi sa tâche en cette matière. Dans ses immenses cités — chez elle la population urbaine est presque aussi élevée que la population rurale — les logements malsains pullulaient. Là s'entassaient, dans des conditions hygiéniques plus déplorables encore que dans nos grandes villes françaises, les familles ouvrières. Les maladies contagieuses y faisaient de constants ravages. Les communes — puissamment aidées par la législation anglaise qui autorise, dans certains cas, la démolition sous indemnités des maisons reconnues insalubres — ont fait jeter bas des quartiers entiers d'habitations « à taudis » qu'elles ont fait remplacer par des habitations saines. Dans la plupart des cas l'opération, au point de vue financier, n'a point couvert les frais exposés. Mais l'hygiène publique y a gagné.

En Angleterre un certain nombre de villes ont construit et exploité des habitations ouvrières [1].

---

1. Boverat, *les Habitations ouvrières en Angleterre*, 1912. — Ambroise Rendu *la Construction et la gestion des habitations populaires*, dans *Réforme sociale* n° du 1er décembre 1912.

A Glascow, beaucoup d'opérations immobilières de ce genre ont été poursuivies. La ville a pris l'initiative et a dépensé 2 millions et demi de livres sterling, soit 62.500.000 francs. Le revenu, aux dernières statistiques, était de 99.675 francs. C'est un résultat tout à fait disproportionné avec le capital engagé. Non seulement la ville de Glascow a fait une mauvaise affaire, mais il semble que les opérations dont il s'agit aient été totalement infructueuses au point de vue humanitaire. « Les logements de Glascow, dit un rapport, ne sont pas en général occupés par des locataires appartenant à la classe vraiment miséreuse. »

A Liverpool on a été plus prudent ; on a construit un certain nombre de maisons assez satisfaisantes et qui rapportent 3 à 3 1/2 o/o, mais qui doivent coûter très cher comme entretien. D'ailleurs, si l'on en croit M. Ambroise Rendu, qui les a visitées, leur aspect n'est pas aussi favorable que celui de la plupart des maisons ouvrières de Paris.

A Birmingham on a construit 164 maisons dont le revenu a été très médiocre. Le dernier rapport du spécial Committee-Houses, chargé de la gestion de ces maisons à bon marché, s'exprime de la manière suivante : « Notre comité recommande au Conseil de ne pas construire lui-même de maisons dans Bordesley Green, mais d'autoriser le Housing Committee à louer ce terrain à un ou plusieurs locataires sérieux qui, par les termes de leur contrat, devront y bâtir des habitations ouvrières, les maintenir en bon état, les réparer et veiller à ce qu'elles servent à l'usage auquel on les destine. »

La ville de Londres loge actuellement plus de cinquante mille locataires dans des immeubles coûtant 75 millions environ ; et les décès causés par la tuberculose, qui s'y élevaient à 60 o/oo, sont aujourd'hui inférieurs à 20 o/oo. Cette dernière constatation se passe de commentaires.

Mais l'Allemagne et l'Angleterre ne sont pas les seules à nous donner l'exemple.

En Belgique, 55,000 maisons environ ont été construites

pour abriter des familles ouvrières ; plus de 100 millions ont été prêtés par les caisses d'épargne et de retraite.

Aux États-Unis, des milliards ont été dépensés en faveur du logement ouvrier. Toute une législation a été édictée dans l'État de New-York en 1902, et remaniée en 1909, en vue de la salubrité des « Tenement houses ». Le « Tenement department » veille à l'observation des règlements pour les maisons nouvelles et poursuit l'amélioration des habitations existantes. En 1909, il a spécialement dirigé ses efforts contre les pièces dépourvues de fenêtres ; de février à décembre de cette année, il a imposé des modifications à cet égard pour 29.255 piéces. Il y a lieu de noter l'intéressante innovation réalisée à New-York par M. Vanderbilt : c'est la construction de maisons spéciales avec appartements composés de 2 à 5 pièces, pour 382 familles dont un membre est atteint de tuberculose. Des escaliers à l'air libre, en spirale, donnent accès à chaque appartement isolé ; les planchers sont en ciment et faciles à laver ; les angles sont partout arrondis et le toit des maisons forme une terrasse favorable à la cure d'air.

A Philadelphie, 45.000 sur 185.000 ouvriers sont propriétaires de leur maison et les statistiques montrent que la mortalité, dans cette grande ville qui compte un million d'habitants, est plus faible de 25 o/o que la moyenne des autres villes des États-Unis.

En Danemark des progrès considérables ont été aussi réalisés. Un recensement fait à Copenhague, en 1880, mit en lumière la triste situation des familles ouvrières n'ayant en général pour habitation qu'une pièce unique. Une enquête faite en 1906 montra les améliorations obtenues ; le plus grand nombre des familles ouvrières habitaient alors des logements de deux, trois ou quatre pièces, et ceux d'une seule pièce n'existaient plus qu'à l'état d'exception, au centre de la ville. Ce résultat était dû aux sociétés d'habitations à bon marché, à la disposition desquelles l'État avait mis des capitaux à un taux réduit. Le développement des moyens de communication avait d'ailleurs permis la construction d'un grand nombre de petits cottages autour de Copenhague. Les conséquences de ces efforts apparurent immédiatement. Alors qu'à la fin du XIXe siècle, la tuberculose causait en Danemark un septième des décès, cette proportion est tombée à un dixième et continue à décroître chaque année.

En Autriche-Hongrie, différentes villes (Vienne, Trieste, Budapest) se sont mises résolument à l'ouvrage, ainsi que des sociétés privées encouragées par l'État. Des groupes de constructions ouvrières sont sorties et vont sortir du sol.

La Suisse, la Suède, la Norvège ont également cherché à remédier à la crise de l'habitation urbaine.

L'œuvre italienne, en cette matière, demande à être particulièrement signalée.

L'exposition de Turin, qui a eu lieu en 1911, a permis de constater l'effort considérable réalisé pendant ces dernières année en Italie.

La plupart des grandes villes ont présenté des institutions destinées au développement des « case popolare » en même temps que des plans d'aménagement et d'extension très intéressants. L'Italie offre actuellement 407 sociétés s'occupant d'habitations à bon marché et possédant un capital versé de 38 millions. Les sociétés de secours mutuels et les institutions de bienfaisance ont contribué, dans une large mesure, à la formation de ce capital qui a servi de gage à des emprunts très importants.

Rome, Venise, Gênes, Bologne, Turin et de nombreuses autres villes ont aidé à la construction d'habitations ouvrières.

Milan mérite quelques observations particulières tant à cause de sa ressemblance avec Paris qu'à cause de sa tentative de construire et d'exploiter elle-même. Comme Paris, Milan grossit beaucoup par suite de l'afflux d'une population ouvrière considérable ; elle s'est peut-être développée encore plus vite que Paris. Il y a quelques années les habitations faisaient défaut et il a fallu pourvoir à la création de logements ouvriers. La ville de Milan emprunta une somme de 10 millions à la caisse d'épargne, au taux de 3,75 o/o. Elle comptait, d'après les évaluations des architectes, sur un revenu net de 4 1/2 o/o.

Quatre groupes de logements furent construits : un premier groupe à la porte Vigintina, en 1906, puis un second groupe plus important ; ensuite, au quartier de Cagnola, un certain nombre de logements furent bâtis et l'on y ajouta de petites maisons semblables aux cottages d'Angleterre. L'ensemble de ces constructions a représenté une dépense totale de 6 millions de francs : elles comprenaient 859 logements contenant 1.886 pièces. Le prix de revient était donc de 3.200 francs par pièce, ce qui est très élevé. L'administration de la ville se chargea d'exploiter tous ces logements, et les revenus diminuèrent d'année en année jusqu'au chiffre de 2 1/2 o/o. La municipalité, effrayée de ces résultats de la régie directe, qui n'avait pourtant duré que quatre ans, obtint qu'un décret du 12 avril 1908, créât l' « l'Institut pour les maisons populaires et économiques de Milan ». La ville transmit à cet Institut ce qui restait du capital de 20 millions en même temps que les immeubles. La situation s'est quelque peu améliorée depuis cette date. Le revenu pour l'année 1910 n'a été, il est vrai, que de 2,75 o/o ; on est donc loin encore des 4 1/2 o/o prévus à l'origine ; mais on espère arriver bientôt à 3,50 o/o : à ce moment on recommencera à construire.

Mais ce qui nous intéresse surtout, c'est de voir comment les transports en commun ont été mis à profit, à l'étranger, pour remédier à la crise de l'habitation urbaine. Mais constatons que partout ils ont permis l'habitation en banlieue, c'est-à-dire dans des conditions désirables d'économie et d'hygiène.

La cité-jardin constitue sans aucun doute le mode idéal de l'habitation ouvrière. C'est vers elle que beaucoup de travailleurs, ouvriers ou petits employés, orientent leurs rêves. Et cela est vrai sur toute la surface du monde.

Aussi ne faut-il pas s'étonner que toutes les grandes cités de l'Europe et du Nouveau-Monde aient utilisé le transport en commun, rapide et peu coûteux, pour parer à la cherté des loyers en dérivant la population pléthorique vers la banlieue. Là seulement le rêve ouvrier d'une habitation claire et saine, d'une cité-jardin, peut être accompli, et ce rêve n'est pas seulement des plus légitimes, il est l'expression même d'une nécessité sociale. Or, le transport en commun peut seul, en garantissant par le fait de son existence la venue d'une nombreuse clientèle, inciter à construire de nouveaux immeubles dans les localités suburbaines jusque-là faiblement peuplées.

A ce point de vue, l'Angleterre a réalisé une œuvre digne de toute admiration[1].

A Londres, alors que dans la cité proprement dite il y a environ 364.000 personnes pendant le jour, il n'en reste, durant la nuit, que 19.000 tout au plus. Tous ces émigrants nocturnes s'en vont dans des banlieues loties suivant un plan modèle et qui portent le nom de Gardens Surbubs, c'est-à-dire de Banlieues-Jardins. Citons, par exemple, celle qui a été aménagée à Hampstead et qui se trouve, grâce à un métropolitain à marche rapide, à vingt minutes du centre de Londres. Admirons aussi Garden-City, cette ville modèle construite de toutes pièces, dont la population est limitée à 30.000 habitants pour qu'il n'y ait pas de surpopulation. Et combien de simples et modestes lotissements solutionnent dans le même sens — le seul possible — le problème de l'habitat des populations des grandes cités ! M. Arthur Crow met en opposition d'une part les taudis effrayants du Londres actuel, d'autre part, les riantes séries de villas qui pourraient être édifiées de chaque côté de boulevards circulaires établis à peu de frais sur du terrain encore de peu de valeur de 5 en 5 kilomètres, concentriquement à Charing Cross.

La « Corpartnership Tenants limited Society » peut être considérée en Angleterre comme la mère de la plupart des

---

1. *Sur l'aménagement des banlieues en cités-jardins*, voir Georges Benoît-Lévy. — *L'Exode de la ville*, dans *la Revue d'économie politique*, 1912.

« Tenants limited Societies » propriétaires de belles cités-jardins. Elle a prêté à de nouvelles sociétés, pendant le courant de l'année 1909, environ 1.750.000 francs ; elle leur a avancé, pendant les six premiers mois de 1910, 1.100.000 francs. Et les chiffres de 1911 sont en augmentation très sensible.

En Allemagne, où l'on a eu tant à souffrir des maisons à étages, les municipalités commencent à entrer dans la voie des lotissements suburbains et même urbains, lorsque le prix du terrain le permet [1]. Francfort, dont tout un nouveau quartier est en création par suite de l'établissement d'un nouveau port sur le Mein, a concédé une dizaine d'hectares de terrain très bon marché à la Société d'épargne et de construction pour y ériger des maisons entourées de jardins. La ville d'Ulm est célèbre pour les villas et cottages charmants qu'elle fournit à prix très minime à ses administrés tout en retirant un intérêt appréciable. Une petite ville de Westphalie, Baren, s'est distinguée par le lotissement très remarquable qu'elle a fait dans ses environs, après avoir constaté la disette des logements populaires et l'urgence d'y porter remède.

En Italie, à Milan, l'Unione Cooperativa vient de prendre l'initiative de la création de Milanino (le petit Milan) sur un terrain d'une centaine d'hectares, situé à dix kilomètres de la ville, mais qui n'en sera qu'à dix minutes, grâce à un tramway électrique monorail à marche rapide.

En Suède, la ville de Stockholm lie son plan d'extension à l'aménagement de banlieues modèles où il sera interdit de construire des maisons à nombreux étages. Le lotissement de la banlieue municipale d'Enskede nous est un indice frappant de ce que cette ville pourrait faire en ce sens.

A Prague, la municipalité a décidé de construire dans sa banlieue des habitations à bon marché.

Aux États-Unis, la Société du Dr Gould a montré ce qu'on peut faire dans la banlieue de New-York pour le logement des

1. Georges Benoît-Levy, *loc. cit.*

classes populaires [1]. La fondation Russell Saye vient d'acheter près d'une centaine d'hectares à Forest Hill, dans Long Island, pour y créer de toutes pièces une banlieue-jardin qui ne sera distante que d'un quart d'heure du centre de New-York. L'initiative du projet revient à une société philantropique, mais sa réalisation s'opérera sur des bases financières solides, permettant de donner un intérêt de 5 o/o. De même la ville de Boston, ayant à résoudre la question urgente de l'habitation populaire, prend l'initiative d'une loi qui lui permettra de faire dans sa banlieue des lotissements modèles.

Ce qui a été et pourrait être fait en France

La France s'est efforcée, elle aussi, de remédier à l'insuffisance du nombre des logements salubres, accessibles aux petites bourses, dans les villes. Elle a tâché, en outre, de retenir le paysan sur sa terre, et par là d'entraver le dépeuplement des campagnes et le surpeuplement urbain, causes de la cherté des loyers.

Nous voudrions résumer très rapidement le mouvement législatif français, ainsi que l'évolution des idées en cette matière.

Ce que nous chercherons surtout à mettre en lumière, c'est que les transports en commun sont un élément capital de la solution du problème envisagé. Sans eux, on ne peut, à vrai dire, trouver un remède d'une portée générale. Si on les fait intervenir, on voit au contraire les difficultés s'éclaircir, pour l'amélioration du sort des classes populaires.

Les chercheurs de remèdes n'ont pas manqué, ici comme partout.

1. *L'Exode de la ville*, par Georges Benoît-Levy, dans *la Revue d'Économie politique*, 1912, p. 324 et suiv.

On a beaucoup et très justement préconisé le repeuplement des campagnes, le retour à la terre.

La crise du logement est, en grande partie, une conséquence de la concentration urbaine. Or, la cause prédominante de la congestion de la cité est l'exode rural. La campagne se dépeuple d'une manière constante au bénéfice de la ville. Les cultivateurs abandonnent l'exploitation familiale, viennent à la cité troquer leur situation contre une autre, qu'ils estiment plus lucrative. Employés de ferme, ils deviendront ouvriers d'usine, terrassiers, maçons ; fils de fermiers, ils seront fonctionnaires ou employés de bureau. Il est certain que la fin de l'exode rural serait un excellent remède au mal, puisqu'il en est un facteur prépondérant. Mais un tel remède est difficile à trouver et à appliquer ; il suppose lui-même la solution de problèmes nombreux et complexes dans le détail desquels il ne nous appartient pas d'entrer ici.

D'autre part on a cherché, et avec raison, des adoucissements à la difficulté qu'ont les petites bourses à payer le loyer.

Après avoir pris des précautions contre la malpropreté et la maladie, ne convient-il pas aussi de prendre des mesures pour défendre le locataire contre lui-même? Ne serait-il pas opportun, par exemple, d'obliger le locataire d'un appartement à petit loyer à payer son loyer à la quinzaine, voire à la semaine? L'expérience montre que l'ouvrier n'a pas de pire ennemi que son imprévoyance. Trois ou quatre cents francs de loyer lui apparaissent comme une somme exorbitante et il n'arrive pas à la mettre de côté par fractions trimestrielles. Mais il paie à la semaine, à raison de 800 francs par an, le triste abri qu'il a dû aller chercher à l'hôtel. C'est que le patron, lui, ne badine pas et ne laisse pas ses locataires dissiper au cinéma ou sur le comptoir l'argent du terme! L'obligation dont les ouvriers s'acquittent, bon gré, mal gré, envers l'hôtelier, pourquoi ne la rempliraient-ils pas vis-à-vis du propriétaire ou du gérant des habitations à bon marché? A la femme et aux enfants de l'ouvrier c'est rendre un service que de prélever sur le salaire pour le loyer. L'ouvrier, quand il est mineur — ce qui est fréquent — et même quand il est majeur, a besoin qu'on le contienne, qu'on le dirige, qu'on calcule pour lui. Comme l'a dit M. Lucien Descaves, « le paiement du loyer à la semaine, c'est encore de la prophylaxie ».

A propos de la démolition de l'ignoble cité Jeanne-d'Arc, insalubre entre toutes, et sur l'emplacement de laquelle (13.000 mètres) vont être construites une douzaine de maisons pour familles nombreuses où le prix des loyers variera de 170 francs pour une pièce à 600 francs pour quatre pièces, le Dr Navarre souhaitait que le montant des petites locations fût perçu par semaine.

Nous estimons que cette idée doit être réalisée. Tout doit tendre de plus en plus à faciliter, aux petits locataires, le paiement de leur loyer, charge pour eux la plus lourde ; tout doit tendre à les soustraire au joug de l'hôtelier.

Mais il n'y a là que des palliatifs insuffisants. Le véritable remède consiste dans la multiplication des logements populaires, abordables par leur prix et répondant aux conditions de salubrité et d'hygiène nécessaires.

Envisageant donc ce remède, nous allons montrer :

1° Ce que notre législateur a fait jusqu'ici en faveur de l'habitation à bon marché ;

2° Que les transports en commun permettent seuls de résoudre le problème de l'habitation à bon marché.

La Législation des habitations a bon marché

M. Siegfried attacha son nom à la loi de 1894 qui, la première, traduisit le désir du législateur de favoriser la création des habitations à bon marché. Sa proposition de loi subit diverses modifications qui en restreignirent la portée. Mais le principe d'une aide effective aux comités d'habitations à bon marché n'en fut pas moins acquis : certains établissements publics — caisses des dépôts, bureaux de bienfaisance, hospices — eurent la faculté de consacrer une partie de leurs ressources à la construction d'habitations à bon marché. Divers avantages fiscaux (exemption pour une période limitée de l'impôt des portes et fenêtres, de l'impôt foncier, remise définitive de la taxe de mainmorte) assuraient les associations créées ou à créer de la bienveillance agissante des pouvoirs publics.

L'insuffisance de ces mesures apparut après une brève expérience. La loi du 12 avril 1906 réglementa la constitution des comités d'habitations à bon marché à qui, en outre, fut octroyé le droit de délivrer le certificat de salubrité exigé pour que les maisons construites bénéficient des remises d'impôt : elle augmentait le maximum prévu de la valeur locative — qui passait, suivant l'importance des localités, à 110 francs pour les très faibles agglomérations et à 550 francs pour Paris — et accordait de nouvelles facilités aux sociétés approuvées ; elle donnait aux caisses d'épargne la faculté de faire des avances et de consentir des prêts à l'œuvre des Jardins-Ouvriers, aux acquéreurs d'habitations à bon marché ; elle permettait aux départements et aux communes de subventionner, sous certaines garanties, les associations qui se formaient.

Ces avantages n'intéressaient que les villes. Il était nécessaire que les ouvriers des champs pussent bénéficier d'avantages équivalents. Il était également nécessaire de permettre au petit cultivateur d'acquérir ou d'agrandir la ferme à laquelle il consacre son activité.

La loi du 10 avril 1908, due à l'initiative de M. Ribot, et complétée par la loi du 26 février 1912, a essayé de résoudre le premier de ces problèmes. Elle eut surtout pour but de favoriser la constitution de la petite propriété rurale. La loi du 19 mars 1910 visa surtout le petit fermier.

Nous n'avons pas à nous occuper ici des lois intéressant exclusivement les habitants des campagnes. Nous ne pouvons cependant nous empêcher de constater que les lois de 1908 et de 1910, en cherchant à encourager la fidélité à la culture, à faciliter aux propriétaires ruraux l'acquisition ou l'agrandissement d'un domaine, tendaient à entraver l'exode rural, cause indirecte du renchérissement des loyers urbains.

Le but poursuivi par le législateur en ce domaine a-t-il été atteint ? Sans entrer dans de trop longs détails, il faut bien reconnaître que, en ce qui concerne les logements urbains, les résultats obtenus ont été des plus modestes, malgré tous les efforts. On ne compte guère plus de trois cents sociétés d'habitations à bon marché ; leur capital dépasse à peine 5o millions, somme bien faible par rapport aux besoins à satisfaire. De plus, l'action des établissements publics a été insuffisante. La loi de 1908, si heureusement complétée par la loi du 12 juillet 1909 sur le bien de famille insaisissable, et la loi de 1910 ont donné, en matière de propriété rurale, des résultats plus satisfaisants. Les difficultés étaient moins grandes à la campagne ; les conditions de prêt sont moins onéreuses pour le rural que pour l'urbain. La cherté des terrains, le coût de la construction des immeubles rendent plus délicate la solution du problème dans les villes. Mais il ne paraît pas douteux que l'indifférence relative de certaines municipalités et de certains bureaux de bienfaisance a aggravé une situation déjà difficile. Il devenait indispensable d'édicter de nouvelles dispositions, non seulement en accordant de nouveaux avantages aux sociétés d'habitations à bon marché existantes, mais encore en favorisant une intervention efficace des communes et des établissements publics.

La loi du 25 décembre 1912 sur les habitations à bon marché revise d'abord la législation antérieure [1].

Tenant compte de la cherté plus grande de la main-d'œuvre, la loi a relevé les maxima des valeurs locatives des logements devant bénéficier d'exemption d'impôts.

Sont affranchies de la contribution foncière et de la contribution des portes et fenêtres les maisons individuelles ou collec-

1. Voir le *Journal officiel* du 25 décembre 1912 et *le Temps*, n° du 29 décembre 1912.

tives destinées à être louées ou vendues et celles construites par les intéressés eux-mêmes. Cette exemption est d'une durée de douze années à compter de l'achèvement de la maison.

Ces avantages s'appliquent aux maisons destinées à l'habitation collective lorsque la valeur locative de chaque logement ne dépasse pas, au moment de la construction, les maxima suivants :

COMMUNES	LOGEMENTS COMPRENANT			
	3 pièces habitables ou plus de 9 mètres superficiels au moins avec cuisine et W.-C.	2 pièces habitables de 9 mètres superficiels au moins avec cuisine et W.-C.	1 pièce destinée à l'habitation, de 9 mètres superficiels au moins avec cuisine	1 chambre isolée de 9 mètres superficiels au moins
	Francs	Francs	Francs	Francs
Au-dessous de 2.001 habitants.....	220	180	120	70
De 2.001 à 5.000 habitants.......	250	205	125	80
De 5.001 à 15.000 habitants......	275	225	150	90
De 15.001 à 30.001 habitants et banlieue des communes de 30.001 à 200.000 habitants, dans un rayon de 10 kilomètres.........	325	250	175	100
De 30.001 à 200.000 habitants, banlieue des communes de 200.001 habitants et au-dessus, dans un rayon de 15 kilomètres, et grande banlieue de Paris, c'est-à-dire communes dont la distance aux fortifications est supérieure à 20 kilomètres et n'excède pas 40 kilomètres...................	400	325	250	125
De 200.001 habitants et au-dessus et petite banlieue de Paris, dans un rayon de 20 kilomètres......	500	400	300	175
Ville de Paris........	600	500	350	200

Comme on le voit, les trois [dernières catégories indiquées intéressent Paris, sa grande et sa petite banlieue.

Le bénéfice de la loi est acquis par cela seul que la destination principale de l'immeuble est d'être affecté à des habitations à bon marché. Toutefois les exonérations d'impôt ne s'appliquent qu'aux parties de l'immeuble réellement occupées par les logements à bon marché.

Bénéficieront également des avantages de la loi les maisons individuelles dont la valeur locative ne dépassera pas de plus d'un cinquième le chiffre déterminé ci-dessus. Sont considérés comme dépendances de la maison pour l'application de la loi, sauf en ce qui concerne l'exemption temporaire d'impôt foncier, les jardins d'une superficie de dix ares ou plus attenants ou non attenants aux constructions et possédés dans la même localité par les mêmes propriétaires.

La valeur locative des logements est déterminée, pour l'application de la loi, par le prix de loyer porté dans les baux, augmenté, le cas échéant, du montant des charges autres que celles de salubrité (eaux, vidanges, etc.) et d'assurance contre l'incendie ou sur la vie. La valeur locative des maisons individuelles sera fixée à 4,75 o/o du prix de revient réel de l'immeuble. Dans ce prix de revient, la valeur du terrain n'est du reste comprise que pour la portion afférente à la surface couverte ou entourée par la construction. Le prix des canalisations d'eaux n'est pas non plus compris dans l'évaluation du prix de revient de la maison.

La loi détermine la composition des comités de patronages qui ont pour mission d'encourager la construction des maisons salubres et à bon marché. Le nombre des membres de ces comités varie entre 9 et 15 et peut atteindre 18 pour le département de la Seine. On facilite leur action en leur faisant remise du droit de timbre sur les affiches qu'ils font apposer dans un but de vulgarisation. En même temps leurs attributions sont étendues. Ils n'ont plus seulement à délivrer le certificat de salubrité, les logements devant bénéficier des avantages de la loi, mais ils peuvent encore s'assurer ultérieurement que l'édifice répond toujours à sa définition ; en cas de négative, le comité de patronage peut retirer le certificat de salubrité : sa décision motivée est notifiée au propriétaire qui a un délai d'un mois pour se pourvoir devant le ministre du Travail et de la Prévoyance sociale,

Là ne se bornent pas les innovations et les améliorations apportées par la législation de 1912.

Dans le but de favoriser le développement des sociétés d'habitations à bon marché, la loi nouvelle augmente sensiblement leurs moyens d'action et leur assure un concours pécuniaire plus efficace.

Les établissements publics d'assistance (bureaux de bienfaisance et d'assistance, hospices et hôpitaux) peuvent, avec l'autorisation du préfet, employer une fraction de leur patrimoine, qui ne pourra excéder deux cinquièmes, soit à la construction de maisons à bon marché, soit en prêts aux sociétés de construction de maisons à bon marché et aux sociétés de crédit qui, ne construisant pas elles-mêmes, ont pour objet de faciliter l'achat, la construction ou l'assainissement de ces maisons, soit en obligations ou actions de ces sociétés, lesdites actions entièrement libérées et ne pouvant dépasser les deux tiers du capital social.

Les communes et les départements peuvent employer leurs ressources en prêts, en obligations ou dans les conditions ci-dessus spécifiées, en actions, sous réserve : 1° que les maisons ne puissent être aliénées au-dessous du prix de revient ni louées à des prix inférieurs de plus de deux cinquièmes aux maxima de valeurs locatives spécifiés ci-dessus ou de plus de moitié pour des locaux loués à des familles de plus de trois enfants de moins de seize ans : 2° que ces emplois de fonds soient préalablement approuvés par décision du ministre du Travail.

Sous réserve d'approbation, dans les mêmes formes, les communes et les départements peuvent faire apport aux sociétés dont il s'agit de terrains ou de constructions, pourvu que la valeur attribuée à ces apports ne soit pas inférieure à leur valeur réelle, établie par expertise. Ils peuvent même : 1° céder de gré à gré aux sociétés sus-visées des terrains ou constructions, sans que le prix de cession puisse être inférieur à la moitié de leur valeur réelle établie par expertise : 2° garantir jusqu'à concurrence de 3 o/o au maximum l'intérêt des obligations desdites sociétés, et, pendant vingt ans au plus, le dividende de leurs actions.

La Caisse des dépôts et consignations reste autorisée à employer, jusqu'à concurrence des deux cinquièmes, le fonds de réserve et de garantie des Caisses d'épargne, en obligations négociables des sociétés de construction et de crédit.

En outre la loi admet et réglemente la constitution d'organismes nouveaux jouissant de toutes les facultés accordées aux établissement publics : ce sont *les offices publics* d'habitations à bon marché. Cette innovation procède des instituts autonomes italiens. Les offices publics sont interposés entre les communes et les locataires des immeubles à bon marché pour éviter que les conseils municipaux cèdent trop facilement à la tentation de se rappeler qu'ils ne sont pas inamovibles.

Les offices publics ont à leur tête un conseil d'administration de 18 membres, dont un tiers désigné par le préfet, un tiers par le conseil municipal ou le conseil général, qui aura sollicité la création de l'office, un tiers élu par diverses associations. Les offices recevront des subventions, des avances de la commune ou du département, des dons, des legs des particuliers. Ils seront les véritables gérants des habitations à bon marché. Leurs obligations administratives sont d'ailleurs nettement indiquées par la loi.

Dans un seul cas, les communes peuvent construire *directement*, sans aucun intermédiaire, des immeubles en vue du logement des familles nombreuses. Un décret du Conseil d'État doit accorder l'autorisation. Les deux tiers des logements seront affectés à des familles comprenant plus de 3 enfants âgés de moins de seize ans. Les offices publics gèreront obligatoirement ces immeubles. Les familles nombreuses peuvent obtenir une réduction de moitié sur le tarif maximum fixé par la loi. Le législateur a voulu par là remédier au mal qui résulte du refus — presque systématique — des propriétaires de loger les familles nombreuses.

Telle est dans ses grandes lignes, la loi de 1912 qui donne, aux sociétés et aux comités de propagande, des facilités nouvelles, encourage tous les efforts, cherche à réunir toutes les bonnes volontés.

La question des habitations à bon marché présente une autre face qu'il ne faut pas négliger. Il s'agit du rôle que peut jouer l'assurance en matière d'habitations ouvrières. Mettons-nous en présence des faits. Une grave éventualité menace l'ouvrier qui tend à devenir propriétaire de sa maison à l'aide d'une série de paiements échelonnés ; il risque, en effet, de décéder avant d'avoir remboursé le prêt qui lui avait été consenti. Sa mort interrompt la succession des versements que le prêteur exigeait. Les héritiers peuvent, il est vrai, prendre la place du défunt, ou, si le contrat le prévoit, demander le remboursement du compte courant. Mais, de ces deux solutions, la première suppose des ressources qui font en général défaut à la famille ouvrière, privée du salaire de son chef, et la seconde inter-rompt l'opération d'acquisition de l'immeuble.

Pour remédier à cette situation et encourager les locataires dans les efforts qu'ils accomplissent en vue d'acquérir la maison qu'ils habitent, le législateur a organisé des combinaisons d'assurances qui leur donnent la certitude que leurs sacrifices n'auront pas été inutiles [1].

La loi du 12 avril 1906 (art. 7, § 1) autorise les acqué-reurs ou constructeurs d'habitations à bon marché, pour assu-rer la libération totale ou partielle de leur immeuble par annuités, à contracter une assurance temporaire à la Caisse

---

[1]. Voir à ce sujet Maurice Bellom, *les Habitations ouvrières et l'assurance dans l'Économiste français*, n° du 25 janvier 1913.

nationale d'assurances en cas de décès ; grâce à cette assurance, l'intéressé est certain que, s'il décède avant d'avoir achevé le paiement du prix de son acquisition, la Caisse acquittera en son lieu et place les sommes restant à verser lors de son décès, et cela en tout ou en partie, selon les limites fixées dans le contrat d'assurance, lors même que le décès surviendrait le lendemain du jour où il a contracté l'assurance. Le maximum du capital assuré est égal au prix de revient de l'habitation (art. 7, § 2). Toutefois ce maximum peut être majoré du montant de la prime d'assurance, si l'assurance est contractée au moyen d'une prime unique dont le prêteur, bénéficiaire de l'assurance, fait avance à l'emprunteur : la prime est d'ailleurs celle qui doit faire face au remboursement, non seulement du prix de revient, mais encore de la prime elle-même (art. 7, § 2).

Les conditions à remplir pour contracter une assurance en cas de décès sont les suivantes : 1° être âgé de seize à soixante ans ; 2° avoir acquis, loué avec promesse de vente ou d'attribution, ou construit une habitation à bon marché dont le prix doit être acquitté soit au moyen d'annuités, soit par voie de libération des actions souscrites par l'assuré auprès d'une société d'habitations à bon marché en représentation du prix de cette habitation ; 3° se soumettre à un examen médical.

L'assurance peut être contractée, au gré de l'assuré, selon l'un des quatre modes de primes suivants :

a) Prime unique simple ;
b) Prime incorporée au prêt ;
c) Primes annuelles variables ;
d) Primes annuelles constantes payables seulement pendant une partie de l'assurance.

Ces primes sont calculées au taux de 3 o/o d'après la table de Deparcieux avec majoration de 6 o/o (art. 2 de la loi du 11 juillet 1868). D'ailleurs les primes annuelles variables ne sont autres que celles du tarif des assurances collectives. Par contre, les primes uniques et les primes constantes ne peuvent donner lieu à l'établissement de tarif, car la décroissance de la somme assurée dépend de la volonté de l'assuré.

D'autre part, en raison de la faculté donnée à l'assuré de garantir seulement une partie des annuités de sa dette — partie qui peut ne pas être une proportion constante des annuités restant à échoir aux différentes périodes de l'assurance, mais qui peut varier au gré de l'assuré — la Caisse nationale a dû adopter un système d'assurance qui consiste à garantir pour chaque période annuelle d'assurance, quel que soit le mode d'acquittement de la dette, une somme déterminée payable au décès de l'assuré.

Cette dernière solution convient même particulièrement bien pour l'assurance de la totalité de la dette, lorsque l'assuré, membre d'une société d'habitations à bon marché, s'acquitte de ses engagements par la libération d'actions représentatives de la valeur de sa maison. En effet, il est dans ce cas impossible d'employer un système d'assurance exacte parce que la libération des actions dépend, non seulement des versements effectués, mais encore des dividendes servis chaque année par la société. La solution adoptée constitue, dans ce cas qui est le plus fréquent, un système d'assurance suffisamment approchée.

A cet effet l'assuré doit produire, lorsqu'il souscrit l'assurance, un tableau indiquant, pour chaque période annuelle de l'assurance, la somme à garantir pendant cette période. La caisse vérifie, à l'aide soit du contrat de prêt ou de vente, soit du bail avec promesse de vente ou d'attribution, que la somme garantie pendant chaque période annuelle de l'assurance ne dépasse pas, d'une manière sensible, celle qui restera vraisemblablement due pour l'acquisition de la maison. Quant à la date d'ouverture de chaque période annuelle d'assurance, elle est en général celle du point de départ de l'assurance ; cependant si par exemple le prêt est remboursable par annuités, ou semestrialités, ou trimestrialités et si le souscripteur désire faire concorder, autant que possible, la réduction de

ses engagements avec celle de la somme assurée, la première
période d'assurance peut être une fraction d'année.

La loi du 10 avril 1908, modifiée par les lois du 8 avril
1910 et du 26 février 1912 prévoit que, pour obtenir d'une
société de crédit immobilier un prêt hypothécaire individuel
en vue, soit de l'acquisition d'un champ ou jardin n'excédant
pas 1 hectare, soit de l'acquisition ou de la construction d'une
maison individuelle à bon marché, l'emprunteur doit « passer,
avec la caisse nationale d'assurances en cas de décès, un contrat
à prime unique garantissant le paiement des annuités qui res-
teraient à échoir au moment de sa mort, le montant de cette
prime pouvant être incorporé au prêt hypothécaire ».

Le règlement d'administration publique du 24 août 1908 a
été mis en harmonie avec les nouvelles dispositions légales et
complété par celui du 17 août 1912. De plus, comme la loi
du 10 août 1908 étend les avantages de la loi de 1906 aux
champs et jardins n'excédant pas 1 hectare, les acquéreurs de
ces terrains, qui ne contractent pas des prêts hypothécaires dans
les conditions prévues par les articles 2 et suivants de la loi
de 1908, peuvent toujours souscrire des assurances par application de la loi de 1906.

Une dernière observation — critique — doit être faite
relativement à l'habitation à bon marché. L'initiative privée
pourrait, en ce domaine, faire beaucoup mieux qu'elle n'a
fait, si la législation le lui permettait complètement au lieu de
prohiber, dans une certaine mesure, le bien qu'elle voudrait
et pourrait faire.

Nous voulons parler de l'impossibilité, en France, de la fondation testamentaire dont il a été si souvent question dans les
milieux des économistes et des juristes.

L'Angleterre nous apporte ici un exemple par la fondation
remarquable Peabody? Peabody est un Américain philanthrope
qui eut l'idée de destiner une somme de 12 millions et demi pour
procurer des logements à la population laborieuse de Londres. La
fondation est administrée par un conseil choisi d'abord par le

fondateur, se renouvelant ensuite lui-même et qui doit conduire l'affaire ainsi qu'a ordonné ce fondateur. On ne reçoit dans les maisons ainsi construites que des ménages réguliers, se conduisant bien et payant exactement leurs termes. Le prix de ces loyers, après acquit des charges annuelles (impôts, réparations, paiement du personnel), est employé à construire de nouvelles habitations. On a calculé qu'au centenaire de sa fondation, l'œuvre Peabody logerait plusieurs centaines de milliers de personnes. Ce résultat est obtenu sans subvention ni privilège d'aucune sorte.

Pourquoi ne ferait-on pas de même en France ? Il ne manque pas de personnes généreuses qui suivraient volontiers un aussi bon exemple. Mais on se heurte à notre législation, qui, si elle permet à un citoyen de dissiper son bien et d'en faire un aussi mauvais emploi qu'il veut, lui interdit de l'affecter à une œuvre utile, mais destinée à durer après lui. Il peut, par testament, léguer son avoir à telle personne qu'il voudra, mais il lui est défendu de le constituer pour remplir à perpétuité l'œuvre la meilleure, se soutenant et se gouvernant elle-même. Pourquoi ? C'est qu'un bien ainsi affecté perpétuellement à une destination utile est un bien de mainmorte et la transmission des biens de mainsmorte n'est point autorisée en France. En conséquence, les Français ne peuvent rien faire de vraiment durable. Tout ce qu'il veulent faire par eux-mêmes doit finir avec leur vie.

M. Sauchon, professeur à la Faculté de Paris, estime qu'un ouvrier à salaire moyen, s'il a plus de trois enfants ne gagnant pas, ne peut pas payer son loyer sans être aidé. Or, cette aide est actuellement procurée par des associations de personnes versant des subventions annuelles très variables et très incertaines. N'est-il pas évident que cette aide recevrait un accroissement et une fixité très heureux s'il était permis de faire des fondations, c'est-à-dire de constituer un capital qui fournirait perpétuellement et d'une manière fixe ces subventions [1].

1. Sauchon, *Correspondance hebdomadaire*, n° du 7 mai 1912.

LES TRANSPORTS EN COMMUN ET L'HABITATION A BON MARCHÉ

Telle est la législation des habitations à bon marché qu'il était indispensable de faire connaître avant d'établir que les moyens de locomotion publique constituent un facteur prépondérant de la question.

Il faut, en effet, affirmer que le problème des habitations à bon marché ne peut vraiment être résolu que hors Paris. La démonstration de cette vérité, que nous croyons certaine, repose en grande partie sur l'examen du rôle joué par les transports en commun.

L'édification de maisons à bon marché devient de plus en plus difficile dans Paris. La principale raison s'en trouve dans la multiplication et le perfectionnement des moyens de communication eux-mêmes. Prenons, par exemple, la porte de Versailles. Autrefois, elle était d'accès malaisé. Aujourd'hui elle se trouve à vingt minutes de la Bourse. C'est pourquoi les constructeurs n'hésitent pas à opérer même dans l'extrême périphérie; les maisons anciennes disparaissent, les nouveaux alignements s'établissent, et les petites rues font place à de larges voies de communication. On peut donc y appeler une clientèle plus aisée puisqu'on peut lui offrir le confortable qu'elle désire. Les appartements, dès lors, sont mieux aménagés et plus chers. Le vendeur du terrain a escompté par avance cette augmentation des revenus et il en a pris sa part en fixant son prix. La population augmentant, l'édification d'immeubles est devenue un bon placement. On construit beaucoup. Les ouvriers en ont profité pour exiger des relèvements de salaires. Les prix des matériaux, à cause de la demande et d'autres causes spéciales, sont en hausse. Tous ces facteurs accumulés font arriver à un coût de revient dont l'importance a sa répercussion sur les loyers.

Et cette répercussion est d'autant plus grande que l'argent

est cher. Si nous résumons tout cela, nous dirons que le coût d'un immeuble dépend de ceux de la main-d'œuvre, des matériaux, du terrain et de l'argent. Or, le seul élément sur lequel on puisse réaliser une grosse économie, c'est le terrain. Et il est manifeste que le terrain à bon marché ne peut être trouvé dans Paris.

Conclusion logique : l'habitation à bon marché ne peut être réalisée que hors Paris.

Il ne faut pas se dissimuler que les quelques milliers de mètres que la Ville de Paris pourra utiliser pour les maisons à bon marché, par suite du déclassement des fortifications, ne seront qu'une goutte d'eau dans l'océan.

L'emprunt voté par la Ville de Paris ne doit pas non plus conduire à des illusions. Car la Ville ne trouve de l'argent qu'à 4 ou 4,10 o/o, et les sociétés de constructions à bon marché déclarent qu'elles ne peuvent payer plus de 2,50 o/o.

On voit donc que le problème ne saurait recevoir de solution que hors Paris.

Nous venons de montrer que le progrès des moyens de communication a été une cause essentielle de cet état de choses. Or, il est à la fois curieux et réconfortant de constater que les transports en commun portent en eux-mêmes le remède au mal qu'ils ont contribué à engendrer.

Il y a encore, dans la banlieue, de grands terrains bon marché, à superficie permettant par un bon plan général de réaliser les conditions d'hygiène désirables. La seule objection qu'on pourrait faire à la création de maisons ouvrières en banlieue, c'est que celle-ci, surtout sa partie périphérique, est loin de Paris. Mais la réponse s'impose. Avec la rapidité de nos moyens de transport, l'éloignement du domicile jouera un rôle très atténué dans l'emploi du temps. Le coût minime du transport sera équilibré par l'abaissement du loyer et par la durée de la journée qui tend constamment à diminuer.

Sans doute il arrivera que l'ouvrier ne pourra pas déjeuner chez lui. Mais il est bien rare qu'il soit à même de le faire aujourd'hui. Le petit ennui du déplacement sera largement compensé par les avantages d'un logis salubre et suffisamment spacieux.

Comme on l'a dit [1], tarder à sortir de Paris, c'est risquer d'être obligé d'aller encore plus loin ; car la force des choses fait que la banlieue se construit rapidement, mais encore en agglomérations, si bien que là aussi les réservoirs d'air se tariront.

On voit dès lors se poser de nouvelles questions relatives à l'extension et à l'aménagement méthodiques de la banlieue. Car on ne peut laisser celle-ci se former et grandir d'une manière anarchique et sans plan directeur. Nous retrouverons et examinerons ultérieurement ces questions.

Nous avons déjà constaté, dans beaucoup de villes étrangères, un rationnel aménagement des banlieues en cités-jardins. Le même besoin existe manifestement en France.

« La question primordiale, dit M. Georges Benoît-Levy, est celle-ci : la majorité de la classe ouvrière désire-t-elle habiter Paris, ou ne préférerait-elle pas se loger, sinon dans la banlieue actuelle, anarchiquement développée, sans aucun plan d'ensemble, du moins dans des banlieues-jardins modèles telles que celles qui se créent partout aux environs des métropoles étrangères ? »

C'est, en effet, la question essentielle et il faut y répondre affirmativement. Le développement des moyens de transport, nous le répétons, permet seul de la résoudre.

Un dernier mot sur ce sujet. On peut craindre que les loyers de la banlieue n'augmentent eux-mêmes peu à peu en raison de l'accroissement de la demande, provoquée par la facilité du transport. Mais ici nous devons reproduire une observation que nous avons déjà faite. Les moyens de locomotion publique, qui auraient contribué à cet accroissement de la demande de

---

1. *Le Problème des habitations à bon marché*, par Eugène Levoux, dans *le Monde économique*, n° du 22 février 1913.

logements autour de Paris, pourraient, pour remédier à cette situation, porter encore plus loin les foules urbaines. Cette idée est loin d'être une utopie, puisque le tramway électrique, établi sur une chaussée surélevée, peut atteindre aisément, et sans danger pour les voyageurs, une vitesse commerciale de 35 à 40 kilomètres à l'heure. La banlieue s'élargirait ainsi et la construction de nouvelles habitations pourrait amener la baisse du prix des loyers.

CHAPITRE VI

LES TRANSPORTS EN COMMUN

ET LES TRANSFORMATIONS DE PARIS ET DE LA BANLIEUE

Il est visible qu'un rapport étroit existe entre les questions relatives à la circulation, notamment aux modes de transport en commun, d'une part, et, d'autre part, les questions relatives à l'extension et à l'aménagement de la Cité et de sa banlieue.

En effet, il est évident que le développement de la circulation exige plus d'espace, un élargissement des voies publiques, une dilatation de la ville tout entière.

En outre, si les moyens de locomotion publique ont rendu possible l'habitation en banlieue, il faut songer à étendre et à aménager cette dernière d'une manière rationnelle. L'extension de la banlieue et de sa population appelle elle même un. nouveau perfectionnement des transports en commun. Tout se tient et s'enchaîne dans les phénomènes économiques et sociaux.

La corrélation que nous venons d'indiquer entre le problème de la circulation et celui des grands travaux de voirie est fort nettement aperçue à l'heure actuelle.

Un conseiller municipal, M. Le Corbeiller, a émis le vœu suivant :

« A une circulation cent fois plus active et qui se porte sur les points nouveaux de la ville, il faut un plan de dégagement nouveau aussi. Il faut une ou deux très larges voies traversant Paris du nord au sud, élargir à 3o mètres la rue de

Richelieu, la rue Montmartre et la rue des Saints-Pères. Il faut doubler la rue de Rivoli par l'élargissement de la rue Saint-Honoré. Il faut surtout étudier d'urgence ces nécessités nouvelles, y apporter un prompt remède quel qu'en soit le prix. Il s'agit de conserver notre ville saine, belle et agréable à tous. »

M. Jules Siegfried, député, a pris la question de plus haut et a déposé, le 28 novembre 1912, une proposition de loi relative aux plans d'aménagement et d'extension des villes.

M. Dausset a consacré le quatrième fascicule de son rapport général sur le budget à l'extension de Paris et au problème de la circulation dans notre grande ville.

L'agrandissement, l'aménagement rationnels de Paris et de sa banlieue intéressent non seulement le bien-être de la collectivité, mais aussi sa sécurité et sa santé.

Haussmann n'avait pu prévoir les développements auxquels nous assistons. Son plan, encore inachevé, ne répond plus aux besoins actuels et ces besoins iront toujours croissants. Il faut établir un nouveau plan et l'urgence est absolue. En effet, on construit avec fébrilité, les espaces vident disparaissent, les maisons s'entassent, les arbres sont abattus. En reculant les unes contre les autres les maisons modernes, on a dû remplacer les grands jardins d'autrefois qui s'étendaient à l'intérieur des pâtés de maisons par de minuscules puits d'air. Paris autrefois, avec ses ruelles étroites n'était, à vrai dire, qu'un vaste jardin. Aujourd'hui, au lieu de mettre le jardin derrière les maisons, nous l'avons mis devant, mais, comme l'a remarqué M. de Pawlowski dans une de ses notes de *Comœdia*, il n'y pousse plus que des fleurs de bitume ou des manches à balai, et l'on peut penser que l'hygiène publique n'y gagne rien.

Déjà on a constaté que Londres a 15 o/o d'espaces libres, Berlin 10 o/o, Paris à peine 4 1/2 o/o.

En 1900, les jardins, cours et terrains nus de notre capitale étaient de 6.412.513 mètres carrés. En 1910, ce chiffre était tombé à 5.305.736.

Comment les habitants respireront-ils ? Il faut des poumons à l'organisme urbain.

M. Georges Lecomte écrit :

« Depuis trente ans, la plupart des nouveaux quartiers de Paris se sont développés au petit bonheur et, selon la saisissante expression du poète Emile Verhaeren, la ville débordante a jeté ses tentacules au hasard dans la banlieue. Rien n'a été prévu et aménagé pour de tels accroissements. Ce sont les masures, les hangars et les cheminées d'usines qui ont peu à peu déterminé les rues. Même depuis qu'il serait sage de compter avec la rapide circulation automobile, on n'a guère eu souci d'éviter les brusques tournants et la dangereuse surprise des routes en S. Dans toute la banlieue de Paris on a ce sentiment de l'improvisation fantasque et du désordre. On ne s'y sent en sécurité nulle part et partout on y a le sentiment d'une laideur qui s'obstrue.

» Et Paris, à l'étroit dans son corset archaïque et inutile de fortifications, Paris qui ne peut plus se mouvoir et respirer, se déverse de plus en plus sur sa banlieue. C'est là seulement que peuvent vivre les petits employés chassés par les opulentes constructions aux loyers trop chers, là seulement que les ouvriers ont désormais chance d'échapper à l'horreur du taudis. Chaque année la population croît beaucoup plus au delà des fortifications qu'en deçà. Or, c'est au hasard des bâtisses improvisées sur un bout de terre qu'ils se logent. Si l'on n'y met bon ordre, et tout de suite, la banlieue ne sera plus d'ici dix ans qu'une gigantesque lapinière avec un chaos de cages hideuses. Qu'on prenne des mesures de salubrité, et surtout qu'on supprime toutes ces hideurs sans délai [1]. »

Trois projets de grande importance dominent aujourd'hui les questions d'extension et d'aménagement dont nous nous occupons :

1° Les opérations de voirie à exécuter par la ville de Paris

---

1. *La Renaissance politique, littéraire et artistique.*

sur l'emprunt de 900 millions qui a été autorisé par la loi du 30 décembre 1909 ;

2° La désaffectation des fortifications ;

3° Le projet de M. Delanney, préfet de la Seine, tendant à l'aménagement de la banlieue parisienne.

OPÉRATIONS DE VOIRIE ENTREPRISES PAR LA VILLE DE PARIS SUR L'EMPRUNT DE 900 MILLIONS

On sait qu'après de longues discussions, le Conseil municipal de Paris s'est décidé, les 13 et 14 juillet 1909, à voter un emprunt de 900 millions de francs devant permettre de procéder, dans la capitale, à de grands travaux de voirie, de salubrité et d'embellissement dont on était unanime à reconnaître la nécessité. Néanmoins, étant donné que de nouveaux emprunts s'imposeraient pour répondre à d'autres besoins, le chiffre précité avait paru bien gros, à certains membres de l'assemblée qui avaient proposé de le réduire à 370 millions. Il fut passé outre et, quelques mois après, intervenait la loi du 30 décembre 1909 qui autorisait la ville de Paris à emprunter la somme de 900 millions et, comme conséquence, à s'imposer extraordinairement.

La répartition des fonds nécessaires à la colossale opération projetée avait été arrêtée, comme suit, par le Conseil dans sa séance du 24 juillet précédent : édifices municipaux divers, 25 millions ; promenades et plantations, 15 millions ; subvention extraordinaire à l'Assistance publique pour réfection et amélioration des immeubles hospitaliers, 35 millions ; mesures contre la tuberculose, démolitions d'immeubles insalubres, prêts à des sociétés d'habitations à bon marché, 30 millions ; amélioration des chaussées et trottoirs, extension de l'éclairage public, etc., 44 millions ; reconstruction des abattoirs de la Villette, 40 millions ; construction des deux derniers pavillons des Halles centrales, 5 millions ; grosses réparations dans les édifices scolaires, 4 millions ; travaux neufs du service des eaux, amélioration des canaux, 125 millions : remboursement des avances faites par la Compagnie des chemins de fer Nord-Sud pour l'achèvement du boulevard Raspail, 5 millions ; remboursement des avances faites par l'Assistance publique pour le prolongement de la rue Dussoubs, 2 millions ; solde dû à l'État pour l'échange relatif à l'immeuble de la rue Oudinot et à la caserne Napoléon, 700.000 francs ; évacuation par les sapeurs-pompiers de la caserne de la Cité et réinstallation des services d'incendie, 2 millions : avances aux propriétaires pour mise en état de viabilité et assainissement des voies privées, 3 millions ; élargissement et prolongement du canal de l'Ourcq (travaux préparatoires et achat des terrains , 5 millions ; construction et agrandissement d'établissements scolaires, 91.265 000 francs ; opération de voirie. 440 millions : réserve et frais de l'emprunt, 13.035.000 francs. Total : 900 millions de francs.

La répartition qui précède a dû, d'ailleurs, être quelque peu modifiée dans la nécessité où la ville s'est trouvée, l'année suivante, de parer aux dépenses imprévues causées par l'inondation de janvier 1910 et de procéder à des travaux de défense urgents. A cet effet il a fallu dégager un crédit de 10.500.000 fr. Une loi du 17 décembre 1910, ratifiant une délibération du Conseil municipal en date du 1er juillet précédent, a donc ramené aux chiffres ci-après certains articles, savoir : établissements municipaux 22.500.000 francs : promenades et plantations, 12 millions : subvention à l'Assistance publique, 32.500.000 francs : amélioration des chaussées et trottoirs 41 500.000 francs. Par contre la même loi a créé deux nouvelles rubriques : dépenses occasionnées par l'inondation, 6.500.000 francs ; mesures préventives contre les inondations, 4 millions.

Dans la séance du 1er juillet 1910, l'assemblée communale avait décidé qu'une première portion de l'emprunt de 900 millions, s'élevant à 235 millions, serait réalisée au cours des années 1910 à 1913 inclus. Les autorisations de dépenses ont atteint, d'ailleurs, un chiffre beaucoup plus important, puisque, dans un mémoire adressé au Conseil municipal le 28 octobre 1912, le préfet a pu dire : « Vos délibérations antérieures ont affecté aux opérations dotées sur la première tranche de l'emprunt une somme totale de 334 millions, dont 235 millions à payer sur la première tranche, le surplus, soit 99 millions, devant être prélevé sur la seconde. »

Le 30 décembre 1911, le Conseil municipal avait décidé qu'une deuxième tranche d'emprunt s'élevant à 200 millions, serait réalisée au cours des années 1912 à 1916 ; mais finalement, dans sa séance du 15 mars 1913, l'assemblée a porté cette fraction à 221 millions.

Après ces explications préliminaires qu'il était indispensable de fournir, occupons-nous exclusivement des opérations de voirie qui sont, pour l'ensemble de la ville, les plus intéressantes à examiner, et qui, du reste, ont seules un rapport avec le sujet de notre travail.

En ce qui concerne donc, les opérations de voirie, le Conseil municipal, dans la séance du 18 mars 1913, a adopté un plan de campagne atteignant 208.060.000 francs, soit 107 millions de dépenses à payer sur la deuxième tranche de l'emprunt et 101.060.000 francs de travaux à engager, payables sur la troisième tranche à émettre ultérieurement. On voit que les opérations engagées continuent à chevaucher sur deux fractions de l'emprunt.

En dehors de l'achèvement de la rue de Rennes et du prolongement du boulevard Haussmann, dont nous parlerons plus loin, voici le relevé des travaux les plus importants qui ont été entrepris.

Dégagement des Halles centrales. — Crédit total alloué sur l'emprunt, 15 millions. Sommes allouées : premier plan de campagne arrêté, en 1910, 3.700.000 francs ; deuxième plan de campagne, arrêté en 1913, 5.400.000 francs.

Achèvement de la rue du Louvre jusqu'à la rue Montmartre et rescindement de certains immeubles rue Montmartre. Crédit total : 12.100.000 francs. Premier plan de campagne, 4.250.000 francs ; deuxième plan : 7.850.000 francs.

Achèvement des rues du Renard et Beaubourg. — Crédit total : 17.500.000 francs. Premier plan de campagne, 16.500.000 fr. deuxième plan, néant.

Élargissement de la rue Saint-Jacques et prolongement de la rue de l'Abbé-de-l'Épée. — Crédit total : 12.400.000 francs. Premier plan de campagne, 1.200.000 francs ; deuxième plan, 1.607.000 francs.

Rectification des voies autour de l'ancien Hôtel-Dieu et ouverture d'une voie nouvelle pour dégager l'église Saint-Séverin. — Crédit total : 8.100.000 francs. Premier plan de campagne, 1.200.000 francs ; deuxième plan, 3.500.000 francs.

Élargissement de la rue du Bac, du boulevard Saint-Germain au quai. — Crédit total : 7 millions. Premier plan de campagne, néant ; deuxième plan, 7 millions.

Prolongement de la rue Priestley, entre la place du Combat et la gare de l'Est. — Crédit total : 10 millions. Premier plan de campagne, néant ; deuxième plan, 3.590.000 francs.

Achèvement de l'avenue Ledru-Rollin. — Crédit total : 8.300.000 francs. Premier plan de campagne : 1.200.000 francs Deuxième plan : 1.150.000 francs.

Élargissement de la rue de Vaugirard, entre les rues de l'Abbé-Groult et de la Procession. Crédit total : 7.900.000 francs. Premier plan de campagne : 3.500.000 francs ; deuxième plan. 3.250.000 francs.

Prolongement de la rue Cambronne, entre la rue de Vaugirard et la place d'Alleray. Crédit total : 3.800.000 francs. Premier plan de campagne; 5oo.ooo francs. Deuxième plan : néant.

Achèvement de la rue Mozart. — Crédit total : 8 millions.

Élargissement du carrefour Delessert. — Crédit total : 45o.ooo francs. Premier plan de campagne pour ces deux opérations : 1 million ; deuxième plan : 2.5oo.ooo francs.

Afin de ne pas allonger démesurément ce relevé, nous n'avons pas parlé d'une série de travaux moins importants, bien que quelques-uns d'entre eux doivent entraîner une dépense de 4 à 7 millions.

Il convient de remarquer qu'une grande partie des opérations de voirie comprises dans l'emprunt de 9oo millions avaient déjà été amorcées lors de l'emprunt de 2oo millions autorisé par la loi du 12 février 19o4 et contracté par le département de la Seine. C'est ainsi, par exemple, que, sur cet emprunt départemental, il avait été déjà prévu 1o millions pour le dégagement des Halles centrales et que les autres subventions suivantes ont été allouées à la Ville de Paris : savoir ; 3 millions pour le prolongement de la rue du Louvre ; 85o.ooo francs pour l'élargissement de la rue du Renard ; 3 millions pour l'alignement des rues Saint-Jacques et du Petit-Pont ; 3 millions également pour l'alignement et le prolongement de la rue Priestley ; 3.5oo.ooo francs pour la continuation de l'avenue Ledru-Rollin ; 3.5oo.ooo francs, de même, pour l'élargissement de la rue de Vaugirard, à partir de la place Saint-Lambert vers la place de Vaugirard ; 1.2oo.ooo francs pour le prolongement de la rue Cambronne.

Les deux plus grandes opérations inscrites au deuxième plan de campagne sont 1° l'achèvement du boulevard Haussmann, entre la rue Taitbout, d'une part, le boulevard des Italiens et la rue Drouot, d'autre part ; 2° le prolongement de la rue de Rennes. Mais cette seconde opération, qui comprend, en outre, la construction d'un pont sur la Seine, pour relier ladite rue de Rennes à la rue du Louvre, n'a pas encore fait l'objet d'une délibération définitive. Elle est seulement prévue pour une somme de 27.500.000 francs, à laquelle il faut ajouter 5.500.000 francs portés au premier plan de campagne, soit donc 33 millions sur les 38 millions affectés à ces travaux par la loi de 1910.

Quant à l'achèvement du boulevard Haussmann, une somme de 30 millions a été inscrite au deuxième plan de campagne, ladite voie ayant été comprise antérieurement pour une somme de 7 millions sur l'emprunt départemental autorisé par la loi de 1904. Dans le mémoire par lequel il introduisait cette affaire au conseil municipal, le préfet s'exprimait ainsi : « Parmi les projets de voirie du programme de l'emprunt de 900 millions dont la mise en œuvre est de nature à apporter une amélioration notable à la *circulation publique* dans le centre de la capitale et dont la réalisation s'impose chaque jour davantage, il faut placer en première ligne l'achèvement du boulevard Haussmann, appelé à faciliter grandement l'accès devenu presque impossible de la gare Saint-Lazare et à dégager tant les alentours de l'Opéra que les grands boulevards de plus en plus encombrés. » Et le préfet ajoutait qu'après acquisition amiable, par la Ville, de trois immeubles sis rues Laffitte et Lepelletier, le reliquat disponible ne s'élevait plus qu'à 27.060.000 francs, somme notoirement insuffisante pour exécuter l'opération en totalité, puisque, d'après les évaluations des services techniques, il y a lieu de prévoir, aléa du jury compris, une dépense de plus de 50 millions et que les règles de la comptabilité publique s'opposent à ce qu'il soit fait état des recettes à provenir de l'aliénation des terrains en bordure de la voie, tant que leur acquisition n'aura pas été réalisée. D'où la nécessité, concluait le mémoire, de recourir à un concessionnaire, comme jadis pour le relèvement du quartier Marbœuf et la création de la Bourse du commerce. Après une discussion assez longue, l'assemblée communale a autorisé le préfet à procéder par voie d'adjudication restreinte à cette opération et à poursuivre l'obtention du décret la déclarant d'utilité publique. Il a été entendu également que la dépense serait gagée jusqu'à concurrence de 10 millions sur la deuxième tranche de l'emprunt de 900 millions et pour le surplus sur la troisième tranche.

Aux termes de l'article principal du cahier des charges, la Ville de Paris allouera à l'adjudicataire, dont le cautionnement définitif a été fixé à 7 millions, une subvention de 25 millions de francs, si la dépense totale de l'opération, y compris les frais du jury, mais non compris les droits d'enregistrement et frais de viabilité, atteint le total de 50 millions de francs. Si ce chiffre est dépassé, la subvention sera augmentée d'une fraction du dépassement qui ne pourra être supérieure aux quarante centièmes de la dépense, le rabais de l'adjudication devant porter sur le numérateur de cette fraction. Dans le cas où le total ci-dessus indiqué de 50 millions ne serait pas atteint, la différence serait partagée par moitié entre la Ville et l'adjudicataire. Par ailleurs, ce dernier sera tenu d'élever, dans le délai de trois ans qui suivra la mise en possession des immeubles expropriés sur les terrains dont il sera devenu propriétaire, des immeubles répondant aux nécessités esthétiques que comporte le centre de Paris ; en conséquence les façades et les toitures devront être préalablement approuvées par le préfet de la Seine.

Lorsque ces plans de campagne successifs seront réalisés, la circulation, notamment les transports en commun, gagneront certainement en rapidité et en sécurité car ils auront plus d'espace.

LA DÉSAFFECTATION DES FORTIFICATIONS

La question de la désaffectation des fortifications est depuis longtemps sur le tapis. Le Conseil municipal de Paris a accepté, le 3 janvier 1913, le projet de convention arrêté entre le ministre des Finances et le préfet de la Seine au sujet de la cession par l'État à la Ville des fortifications. Le Conseil général de la Seine a émis à son tour un avis favorable à cette convention. Enfin, le ministre des Finances a présenté au Parlement le projet de loi sanctionnant cette convention. La commission du budget travaille. Le 10 décembre 1913, elle s'est encore réunie à ce sujet.

Il est encore permis d'espérer que l'on arrive au terme de ces négociations interminables dont M. Dansart a rappelé l'historique complexe dans le rapport présenté par lui au conseil municipal. Nous ne le suivrons pas dans cette évocation du passé, quelque intérêt qu'elle puisse présenter, et nous nous bornerons ici à indiquer les principales solutions auxquelles les représentants de la Ville et de l'État sont parvenus.

Les points essentiels de la convention sont les suivants:

1° L'État, propriétaire des fortifications, les déclasse et les cède à la Ville, moyennant le prix de 100 millions, comprenant deux parts :

a) Une somme de 40 millions destinée au renforcement des ouvrages de sûreté du camp retranché de Paris, renforcement rendu nécessaire par la suppression de l'enceinte ;

b) Une somme de 60 millions, qui doit être la contre-partie des obligations à court terme émises jadis pour la réfection de l'artillerie et dont une partie est encore en circulation ;

2° L'État maintient sur la zone militaire, qui appartient à des particuliers, la servitude *non œdificandi* qui la frappait, en donnant un caractère sanitaire à cette servitude ;

3° La Ville procédera à la démolition des fortifications et à leur lotissement, puis elle les cédera à des particuliers ;

4° La Ville expropriera les propriétaires de la zone militaire, par une procédure spéciale s'inspirant à la fois de la loi de 1807 et de la loi de 1841: ces propriétaires ne devront recevoir que la valeur de leurs terrains, en tenant compte de la servitude qui les frappe ;

5° La Ville devra aménager des terrains ainsi acquis en parcs, promenades et terrains de jeu. Elle n'y pourra construire ;

6° Les propriétaires des fonds situés à moins de 250 mètres de la zone aménagée et de l'enceinte fortifiée devront payer, le cas échéant, la moitié de la plus-value acquise par leurs immeubles du fait de cette opération ;

7° Les terrains de la zone, qui font actuellement partie du territoire des communes voisines de Paris, sont annexés à la capitale ;

8° Dans le cas où l'ensemble de l'opération se solderait par un bénéfice, l'État y participerait pour moitié, sans devoir prendre sa part d'ailleurs de déficit éventuel.

De cet exposé rapide il ressort que la convention touche à la fois à l'intérêt militaire de la nation, à l'intérêt financier de l'État et de la Ville, à l'intérêt fiscal des communes riveraines, aux intérêts des propriétaires de la zone et des propriétaires riverains, enfin à l'intérêt sanitaire de la Ville de Paris.

Il n'entre point dans notre sujet de rechercher dans quelle mesure les négociations ont cherché à donner satisfaction à tous ces intérêts.

Une question nous intérese ici uniquement : c'est celle de l'intérêt sanitaire de la Ville de Paris.

Le prix de 100 millions, consenti par l'État à la Ville de Paris, correspond-il à la valeur réelle du terrain ? Déduction faite des parties affectées aux rues, chemins de fer, canaux, édifices conservés, terrains destinés au casernement, la superficie cédée est de 300 hectares environ, soit 3 millions de mètres carrés, ce qui met le prix du mètre carré à 33 francs environ. Considéré en lui-même, ce prix paraît minime. Mais il faut tenir compte des dépenses considérables à faire tout d'abord pour le nivellement des fortifications, puis pour la construction de la clôture de l'octroi ; cette dernière n'intéresse pas exclusivement la Ville de Paris ; la perception des droits sur l'alcool au profit de l'État rend nécessaire l'établissement d'une clôture suffisante pour arrêter la fraude. Malgré ces éléments, il n'est pas douteux que le prix consenti par l'État à la Ville de Paris demeure encore fort au-dessous des évaluations primitivement faites par l'administration des finances. Mais, d'une part, ces évaluations comportent forcément une part d'aléa considérable en présence des variations possibles du marché des terrains et de l'influence certaine qu'une offre de cette importance devait apporter par elle-même sur ce marché. D'un autre côté, et nous touchons ici la question qui nous occupe, le prix de 100 millions n'a été consenti par l'État que pour aider la Ville à donner satisfaction aux besoins d'hygiène de l'agglomération parisienne.

La ville va, en effet, pouvoir tirer parti des fortifications qui lui sont cédées, en revendant le terrain à des particuliers qui y construiront des immeubles ; mais c'est à la condition expresse qu'elle prendra à sa charge les frais d'expropriation des terrains de la zone militaire appartenant à des particuliers. et leur appropriation en parcs, promenades et terrains de jeu.

A cet égard, la convention passée entre la Ville et l'État apparaît comme devant remédier, dans une certaine mesure. à l'insuffisance des espaces libres.

Examinons donc brièvement quelle est la valeur de la convention au point de vue sanitaire. Dans l'état actuel des choses, la fortification constitue un premier espace libre, que vient doubler la zone militaire. Or, l'effet du contrat sera de couvrir l'espace occupé par la fortification par des constructions, la zone seule restant frappée de la servitude *non ædificandi*. La largeur moyenne de la zone étant de 250 mètres. et celle de la fortification de 125 mètres, il y a en définitive suppression réelle d'un tiers des espaces libres actuellement existants.

A cela, on répond tout d'abord que la muraille elle-même constitue un écran qui empêche l'action bienfaisante de l'air. On peut en douter. La hauteur de cette muraille n'est pas telle, en effet, qu'elle puisse exercer un effet bien fâcheux à cet égard. En second lieu, dit-on, l'état actuel de la zone, avec sa population misérable. ses baraquements sordides, constitue un réel danger sanitaire pour la Ville de Paris. Ceci peut être exact, encore qu'il faille se garder de généralisations excessives. Il est certain qu'un aménagement bien dirigé peut apporter une amélioration manifeste. Cette amélioration suffira-t-elle à contrebalancer la disparition des gazons « pelés » des fortifications actuelles ? Cela est possible, mais il n'en est pas moins regrettable que l'on soit impuissant à conserver à la fois la liberté des fortifications et de la zone.

En tout cas, il est clair qu'en imposant la liberté de la zone, la convention actuelle est très supérieure, au point de vue sanitaire, au projet qui se bornerait à céder à la Ville le terrain des fortifications à la charge de la convertir en promenades. Elle double en réalité la superficie des espaces libres. A un autre point de vue, les constructions élevées sur les terrains cédés par la Ville répondront sans doute beaucoup mieux aux lois de l'hygiène et de l'esthétique que ne l'eussent fait celles qui auraient été construites sans plan d'ensemble et sans contrôle sur les terrains de la zone libérés sans condition de la servitude *non œdificandi*.

Enfin, la convention impose à la Ville de Paris de réserver au moins 4 o/o de la superficie cédée à la construction de maisons hygiéniques à bon marché. On connaît assez l'importance prise à notre époque par le problème des petits loyers pour qu'il soit utile d'insister sur l'heureuse influence que peut avoir cette disposition sur l'hygiène des classes populaires.

Ces mesures n'ont pu être conçues, et le projet de désaffectation lui-même n'a pu être émis que lorsque le perfectionnement des moyens de communication a rendu possible pour les Parisiens l'habitation sur la zone et les autres avantages que celle-ci procurera.

L'Aménagement de la banlieue

Nous avons enregistré le mouvement centrifuge qui pousse les Parisiens hors de Paris.

M. Delanney, préfet de la Seine, qui semble avoir le goût et l'énergie des longs desseins, et l'ambition de faire œuvre utile, a pensé qu'il n'est pas encore trop tard pour aménager la banlieue harmonieusement et hygiéniquement. Il a conçu le plan d'ordonner avec logique le débordement de la grande ville sur sa banlieue.

Au cours de ses voyages dans les grandes villes d'Outre-Rhin, M. Delanney a été sans doute frappé du soin méticuleux que les Allemands apportent dans l'organisation des quartiers excentriques. Autour de Berlin, par exemple, qui croît avec la hâte de certaines cités américaines, on voit une édilité prévoyante tracer à l'avance, en des espaces encore déserts, de larges avenues de plus d'une lieue, où elle installe, avant qu'une seule maison y soit construite, non seulement la chaussée avec ses trottoirs, son terre-plein central planté d'arbres, mais les égoûts, les canalisations d'eau, de gaz et d'électricité. Prévues aussi, les rues latérales s'y rattachent par des lignes très prudemment arrondies. Désormais la nouvelle ville pourra s'édifier autour de cette voie centrale, à l'endroit, où règnent encore des bois de sapins.

Un travail aussi facile et aussi géométrique ne peut être accompli autour de Paris où toute la banlieue est déjà bâtie et peuplée. Ce n'est pas sur un terrain neuf et libre qu'on pourra procéder à l'aménagement dont il s'agit. Bien des désordres sont à réparer. Le plan que le préfet de la Seine vient de faire connaître comporte donc des difficultés certaines. Mais il faut lui savoir gré de n'avoir pas reculé devant elles et de courir le risque d'une telle entreprise.

Il ne s'agit, en effet, de rien moins que de préparer méthodiquement l'expansion de Paris, par delà ses fortifications enfin supprimées, de reculer les champs d'épandage pour ne pas restreindre son développement, de réserver dès à présent 6.854 hectares de parcs, de squares et de promenades autour desquelles les maisons futures s'édifieront avec ordre et suivant un plan dès maintenant tracé, de pourvoir ces vastes régions nouvelles de lycées, d'écoles supérieures, professionnelles, primaires, de crèches, de dispensaires, etc., d'ouvrir des boulevards et des avenues qui relieront les forts avancés, de construire de saines et claires habitations à bon marché, de les relier par des prolongements du Métropolitain au Paris désengorgé auquel on accédera par ces entrées monumentales conçues par l'architecte Louis Bonnier, directeur des services d'architecture de la ville, et dont certains dioramas de l'exposition de Gand nous ont révélé la magnificence harmonieuse.

Pour qui réfléchit, il est évident qu'on ne saurait laisser s'opérer à l'aveugle l'exode vers la banlieue. Cet exode a été déterminé par la cherté des loyers à Paris et facilité par la rapidité et le bas prix des transports. Mais l'extension et l'aménagement de la banlieue appellent, à leur tour, un progrès des moyens de locomotion et nous ne verrions, avec le préfet, que des avantages à prolonger le Métropolitain jusqu'à certains centres d'habitation voisins de la capitale.

CHAPITRE VII

LES TRANSPORTS EN COMMUN
AU POINT DE VUE SOCIAL

Conclusion

Il n'est pas douteux que les progrès et les conditions actuelles des moyens de locomotion publique ont modifié l'existence de nos contemporains.

Chacun peut remarquer les modifications apportées aux habitudes extérieures des citoyens de toutes catégories. Mais le sociologue va plus loin et il cherche à discerner les influences profondes que le développement des transports en commun a exercées dans les vies individuellee et dans la vie collective.

Avec les chemins de fer souterrains, les autobus, les tramways, le Parisien de 1913 est-il absolument le même que celui du milieu ou même de la fin du XIX\ siècle ? Dans quelle mesure l'organisme urbain a-t-il été transformé par les progrès de la locomotion ? En quoi consiste ces transformations ? Et nous ne parlons pas ici des changements matériels, des extensions, des aménagements de la ville et de la banlieue ; nous avons surtout en vue la manière de vivre, la mentalité, la moralité de chaque individu et de la collectivité tout entière.

Certes, nous n'avons pas la prétention de tenter une étude complète et systématique de ce sujet. Il nous suffira de livrer quelques aperçus qui nous ont été suggérés par l'observation des réalités.

Avant tout, il importe de se défaire d'un préjugé qui se rencontre peut-être encore chez quelques esprits.

M. Cadoux, dans son livre *Sur la vie des grandes capitales*, a consacré un intéressant chapitre à l'étude de la transformation des transports urbains[1]. Il a qualifié d'artificiel ce goût des déplacements rapides qui est l'une des caractéristiques les plus frappantes de la génération actuelle. « Partout, dit-il, la vie des hommes devient plus fébrile, sinon plus utile et plus douce ; entraînés par l'activité d'infatigables élites, les blasés, les inutiles, les snobs s'imaginent multiplier leurs sensations en s'agitant davantage, en changeant plus souvent de place. Une des manies que cette illusion inculque aux nouvelles générations est la hâte d'arriver. Nous l'entendons ici seulement au sens propre, sachant trop qu'au figuré ceux qui en sont le plus férocement possédés n'en veulent point convenir. Cette manie, que l'esprit rassis de nos grands-parents eût tenue pour une manifestation morbide, sévit à présent sur les citadins d'Europe comme sur ceux de l'Amérique du Nord... Si l'on veut se rendre compte de la tyrannie qu'exerce ce besoin, après tout artificiel sur les populations citadines, il suffit d'observer les changements apportés dans les habitudes des Parisiens, dans leur allure générale, par la mise en service des lignes du réseau métropolitain. »

Rien n'est plus faux, à notre sens, que ce point de vue qui fait considérer le besoin de transport rapide comme purement artificiel. A bien voir les choses, il faut dire, au contraire, qu'il n'en existe pas de plus naturel. D'ailleurs, que peut bien signifier cette opposition terminologique ?

La distinction des besoins en naturels et artificiels ne correspond à aucune réalité. M. d'Avenel a écrit avec beaucoup de pénétration : « Il est naturel à l'homme de se passer de tout ce qu'il ignore et il lui est naturel aussi de ne se passer de rien de ce qu'il connaît. Mais ce qui en soi n'est pas naturel, c'est ce

<hr>

1. Gaston Cadoux, *la Vie des grandes capitales. Études comparatives sur Londres, Paris, Berlin*, 1908, p. 106 et suiv.

que nous appelons nos besoins. Ceux qui nous paraissent de première nécessité sont tous artificiels ; la plupart étaient inconnus jadis et le sont encore sur les trois quarts du globe où les habitants sont demeurés plus près de la nature. Nous trouvons naturel d'avoir des assiettes et des verres, d'avoir des bas et des souliers et de voyager dans un pays sillonné de routes. Nous avons tort, ce sont des inventions très extraordinaires. Il semblait naturel à nos pères qu'il n'existât rien de tout cela, et, pourvu qu'ils ne mourussent pas de faim, ils s'accommodaient de l'existence[1]. »

Il est remarquable, en effet, que le bien-être a tenu une place secondaire dans l'histoire des nations. Longtemps celles-ci ont poursuivi des satisfactions d'un tout autre ordre. La civilisation de l'antiquité et celle du moyen âge ont recherché le beau avant l'utile. On a excellé à faire des statues ou des temples avant de faire des lampes ou des parapluies. On a su écrire avant de savoir se chauffer et on a découvert le pinceau avant la fourchette.

Ce sont les découvertes de la science qui ont enfanté les besoins relatifs à l'utile, c'est-à-dire ce qu'on appelle improprement les besoins naturels. La plupart des objets considérés aujourd'hui comme nécessaires ont commencé par être des objets de luxe ; il en a été ainsi, par exemple, des fourchettes, des miroirs, des mouchoirs, des bicyclettes. Beaucoup de luxes sont devenus des besoins. Les découvertes scientifiques ont engendré ainsi de véritables révolutions, plus importantes, si l'on va au fond des choses, que les révolutions politiques. L'alimentation, l'habillement, l'ameublement, le logis, l'éclairage et le chauffage ont été renouvelés complètement. De telle sorte que la vie matérielle des Français du moyen âge ou de la renaissance n'est guère semblable à celle des Français de 1789 et que celle-là même n'est nullement comparable à la vie de nos contemporains.

1. D'Avenel, *le Nivellement des jouissances*, 1913. Préface. p. 2.

Ce point de vue, qu'il n'y a pas lieu de développer davantage, s'applique très bien au besoin de locomotion rapide. Il était naturel à l'homme de s'en passer lorsqu'il l'ignorait, mais, maintenant qu'il la connaît et qu'elle est mise à sa disposition avec une facilité de plus en plus grande, il lui est naturel de ne plus s'en passer.

On voit donc combien est fausse la conception de M. Cadoux suivant laquelle le transport rapide serait une manie de blasés et de snobs transmise par contagion à toutes les classes sociales. En réalité, le progrès des moyens de locomotion a spontanément développé le désir d'être transporté loin en peu de temps. L'organe a créé le besoin bien plutôt que le besoin n'a créé l'organe.

Le besoin de locomotion rapide n'est pas plus artificiel que n'importe quel autre. Les conditions générales de la vie moderne exigent impérieusement sa satisfaction. Pour mille causes, que nous n'avons pas ici à rechercher, l'existence s'est compliquée ; nous avons une activité à la fois plus intense et dispersée sur un plus grand nombre d'objets. D'où la nécessité inéluctable d'aller vite. En outre, l'extension progressive des cités et de leurs banlieues a eu pour conséquence inévitable d'augmenter les distances à parcourir pour se rendre au travail ou au plaisir. Il faut rapprocher ces distances par la vitesse du transport.

Loin d'être une monomanie généralisée, le besoin des déplacements rapides est en pleine harmonie avec l'ensemble des conditions économiques et sociales dans lesquelles nous vivons.

Si les progrès de la locomotion publique sont en quelque manière le produit et l'expression de la vie contemporaine, il est également vrai de dire que les transports en commun, à leur tour, ont réagi sur cette vie même pour la modifier sous des rapports très variés. Car la vie sociale — et c'est ce qui fait à la fois son puissant intérêt et la difficulté de son étude — présente une complexité telle qu'un même fait y apparaît fréquemment comme étant en même temps une cause et un effet.

Il est très difficile de ramener à une idée générale toutes les transformations que les progrès de la locomotion publique ont fait subir à la vie parisienne.

Cependant nous constaterons un phénomène important et d'une portée assez universelle en disant que l'évolution des transports en commun a agi dans le sens d'une démocratisation croissante.

Dans un livre récent du plus haut intérêt, intitulé *le Nivellement des jouissances*[1], M. D'Avenel a étudié le résultat positif du progrès matériel pour le riche et pour le peuple. Il s'est demandé quelle est de nos jours leur situation respective par rapport à ce qu'elle était dans les siècles précédents. Or, il parvient à cette conclusion que, parallèlement à l'inégalité croissante des fortunes, il s'est produit un autre phénomène non moins important : le nivellement graduel des jouissances.

L'école socialiste a soutenu que, non seulement l'écart n'a pas diminué entre les plus pauvres et les plus riches, mais qu'il s'est tout au contraire accru. « La situation *absolue* de la classe ouvrière ne signifie rien, disent Lassalle et ses disciples ; la seule qu'il faille envisager, c'est sa situation *relative* par rapport aux autres classes, dans le temps où vous vivez. » Il est vrai que les recettes de la masse populaire ont augmenté deux fois plus que le prix de la vie, mais les revenus des bourgeois aisés ont augmenté trois ou quatre fois plus et ceux d'un petit groupe de richissimes ont augmenté six et huit fois davantage. Les citoyens demeureront divisés jusqu'à ce que l'égalité soit parfaitement établie entre eux. On préférerait peut-être que la généralité des hommes fût plus misérable à condition qu'il y eût moins de différence entre eux.

M. d'Avenel a montré l'erreur de la thèse socialiste sur ce point. Il a brillamment mis en lumière cette vérité que l'iné-

---

1. Bibliothèque de philosophie scientifique. Flammarion, 1913. Voir surtout le chapitre XIII intitulé : « l'Évolution des dépenses privées. »

galité d'argent importe peu si elle n'engendre plus une inégalité de réelles jouissances, et que, d'autre part, si la différence
pécuniaire entre les riches et le peuple est plus grande qu'autrefois, la différence usuelle et réelle est plus petite. C'est à ce
dernier phénomène qu'il donne le nom de nivellement des
jouissances.

« Le nivellement, dit M. d'Avenel [1], consiste en ceci : que
le peuple a acquis plus de vrai bien-être, plus de luxe utile que
le riche. La richesse a moins de jouissances véritables par-des-
sus la médiocrité, qui lui ravit ses anciens privilèges.

» La foule les possède désormais avec très peu d'argent, ce
peu que le commun des hommes obtient aisément par son
travail. Et l'argent, pour donner quelque chose, en est réduit
à donner des biens de plus en plus factices. »

S'il en est ainsi, si le peuple a acquis plus de bien être et
de jouissances véritables que le riche, malgré l'inégalité croissante des fortunes, il est vrai de dire que, contrairement aux
affirmations de Lassalle, la classe ouvrière a lieu de se féliciter
de la situation relative qu'elle occupe par rapport aux autres
classes. Dès lors il existe, sur le terrain positif des jouissances,
une tendance marquée à l'égalité et, par suite, à la paix
sociale.

Il n'est pas sans intérêt de montrer sur quels faits et sur
quelles considérations l'auteur appuie sa manière de voir qui
nous semble, hâtons-nous de l'ajouter, aussi exacte en elle-
même qu'heureuse dans ses conséquences.

Voici donc l'enchaînement des propositions qui établissent
cette thèse.

« Sous quelque point de vue que l'on envisage, depuis
sept siècles ou tout simplement depuis cent ans, d'un côté les
privilégiés de l'aisance et de la richesse, de l'autre les plus
humbles salariés, qu'il s'agisse des plaisirs qu'ils peuvent prendre,
des livres qu'ils peuvent lire, des remèdes qu'ils peuvent ache-

1. *Op. cit.*, p. 314-315.

ter, et de tout l'ensemble des besoins que la civilisation permet de satisfaire, il est évident que l'écart entre eux a singulièrement diminué et diminue à chaque invention nouvelle [1]. »

Sans doute le riche semble doublement enrichi parce que son budget est plus gros et que sa vie est moins chère. Mais, si l'on y regarde de près, on verra que la diminution du prix de sa vie, le touche peu, car elle ne lui procure pas de plaisirs positifs, mais le libère seulement d'une partie de ses charges ; quant à l'accroissement de sa richesse, il le touche également peu puisqu'il n'en a pas l'emploi nécessaire et qu'il se crée, pour l'employer, de nouveaux besoins, de nouvelles dépenses de moins en moins utiles, et, pour les richissismes, tout à fait artificielles.

Un double phénomène s'est, en effet, produit : augmentation du chiffre des richesses, réduction de prix des dépenses. Les découvertes de la science, appliquées à l'industrie, ont bouleversé le rapport des choses et leur valeur, aussi bien pour les objets dits superflus que pour des objets dits nécessaires. Par suite le riche a beau être plus riche, il n'y a guère de jouissances dont il ait le monopole, et, quoique la distance ait grandi entre un multi-millionnaire et un terrassier, si l'on ne regarde que la somme d'argent qu'ils possèdent l'un et l'autre, cette distance a diminué si l'on envisage les conditions de leur vie. Quelque parti que prenne l'élite de la richesse, sa capacité de consommation a souvent un objet illusoire. « L'extrême supériorité d'argent, dit M. d'Avenel [2] ne donne plus ni des commodités, ni même des beautés, mais seulement des raretés. Elle ne donne pas les plus belles choses, mais seulement les plus chères : les portraits de l'école française du xviiie siècle n'étaient ni plus ni moins beaux il y a soixante-dix ans, lorsqu'ils se vendaient à vil prix qu'aujourd'hui où leur vogue surpasse celle de toutes les autres peintures. » « Pourrait-on nier, ajoute

1. Vicomte Georges d'Avenel, le *Nivellement des jouisances*, 1913 p. 317.
2. *Op., cit.*, p. 312.

le même auteur, le nivellement social des jouissances, parce qu'il continue d'exister des gens qui ont un yacht, une grande chasse ou une galerie de tableaux ? Faut-il, pour que les Français soient heureux, qu'ils détiennent tous le meuble unique ou brisent ce meuble puisque tout le monde ne peut l'avoir ? »

L'argent, pour donner quelque chose, en est réduit à donner des biens de plus en plus factices. Si l'on s'occupe des biens réels, des commodités essentielles, et non pas des raretés ou des beautés superflues, un rapprochement des classes s'est produit et la différence entre la masse et l'élite est moindre que naguère. Il suffit, pour s'en convaincre, de les regarder vivre aux temps passés et actuels.

« Il y a moins de différence entre un homme qui mange des truffes ou du raisin à cinq francs la livre et un homme qui mange de la charcuterie et une orange de deux sous, qu'entre ce dernier et un homme qui mange du pain sec ; il y en a moins encore entre ceux-ci qu'entre l'homme qui mange à son appétit et celui qui souffre de la faim [1].

» Il y avait plus de différence entre le paysan éclairé d'une chandelle de résine et le seigneur éclairé par des bougies de cire qu'il n'y en a entre un ouvrier éclairé au pétrole et un

---

1. « Ce ne sont pas les riches, dit M. d'Avenel, qui auraient pu tripler, quintupler, décupler depuis quatre-vingts ans la consommation française de cinquante marchandises diverses. Les riches sont peu nombreux. L'effectif des familles qui tirent de leurs rentes ou de leur travail un budget annuel supérieur à 10.000 francs est, je crois, peu supérieur à 160.000, et j'ai estimé à 360.000 ceux qui disposent de 5.000 à 10.000 francs par an. Ces 500.000 familles ne constituent pas le vingtième de la nation. Ce ne sont pas elles qui pouvaient absorber des dizaines, des centaines de millions de kilos de froment ou de papier, de sucre ou de coton, en plus de ce qu'elles absorbaient précédemment.

Quel que soit le bon marché de certains objets, il arrive un moment où leur clientèle, saturée, se dérobe à un accroissement indéfini de la production. Le pain ne coûtât-il que deux centimes le kilo, l'ouvrier n'en mangerait pas dix kilos par jour... C'est parmi les classes fortunées que la consommation des choses *nécessaires* a le moins augmenté, par ce motif que leurs besoins à cet égard étaient déjà largement satisfaits, » (*Loc. cit.*, p. 317. Voir aussi d'Avenel, *Découvertes d'histoire sociale*, le chapitre XIV, *Riches du passé et du présent*, p. 213).

bourgeois éclairé à l'électricité. Ou, si l'on veut, il importe beaucoup d'avoir une lampe ou d'être dans l'obscurité.

» Il importe également peu d'avoir des costumes garnis de point d'Alençon et créés par le grand couturier, ou seulement une robe de soie tramée coton et brodée à la machine, venant du magasin de confection ; mais il importe beaucoup d'avoir une toilette élégante à bas prix ou de s'en passer.

» L'écuelle de terraille ou de bois graisseux, dans laquelle mangeaient les pauvres gens des siècles passés, ressemblait plutôt à l'auge de leurs bestiaux qu'à l'assiette d'argent ou même d'étain des classes supérieures. Mais, aujourd'hui, l'assiette de faïence à quinze centimes des tables les plus modestes diffère peu d'aspect et nullement de propreté de l'assiette de porcelaine la plus chère.

» Entre l'individu qui disposait de messagers privés ou qui, depuis l'invention des postes, payait un port de lettres aussi cher qu'une journée de travail et l'individu à qui ses ressources interdisaient tout espoir de correspondre au loin avec un parent, il y avait un abîme. Maintenant, la conversation téléphonique du premier n'est séparée du pli affranchi à o fr. 10 par le second que par une simple nuance, un délai de quelques heures. ·

» On peut dire qu'en beaucoup de cas l'ancien luxe du riche était jadis un besoin et que les nouveaux besoins du peuple sont les luxes anciens du riche et même des luxes que le riche ancien n'avait pas ».

Dans sa démonstration, M. d'Avenel n'a parlé que très incidemment des moyens de transport. Ceux-ci sont pourtant, par leur magnifique développement et leur progrès incessant, l'une des meilleures preuves qu'on puisse fournir en faveur de la réalité du nivellement des jouissances.

M. d'Avenel fait toutefois cette observation générale que l'écart entre le riche et le pauvre a singulièrement diminué au point de vue des conditions du transport.

« Entre le voyage en troisième classe de l'un et le voyage

en sleeping de moitié seulement — car de l'autre, nulle dissemblance comparable, quant à la durée, la facilité ou la fatigue, à celle qu'il y avait entre le voyage en litière, en chariot branlant, ou, plus récemment, en berline de poste, et le voyage à pied ou dans le panier suspendu entre les roues à l'essieu du coucou. »

Et, plus loin, M. d'Avenel, dit : « que la bicyclette est beaucoup plus utile au pauvre que l'automobile au bourgeois et que le Métropolitain donne à tout prolétaire parisien, ce que le roman de 1840 présentait comme le faste inouï du comte de Monte-Cristo : « une voiture à toute heure, attelée et à ses ordres. »

Ces remarques sont tout à fait justes.

Le même auteur, après avoir parlé [1] du luxe des haquenées et des carrosses d'autrefois qui n'avaient d'autre but que de créer des jouissances extérieures, tirées de l'admiration d'autrui, s'exprime ainsi : « Il entre plus de vraie sensualité dans les jouissances contemporaines, positives et personnelles ; mais de ces jouissances, *en fait de locomotion, le peuple entier a sa part...* L'autobus ou le Métro du citadin ne sont pas esthétiquement inférieurs à l'automobile d'un millionnaire, et ils sont à la portée de toutes les bourses ».

Tout cela confirme très bien la loi précédemment énoncée du nivellement des jouissances.

Mais, en dehors de ces observations d'ordre général, il est possible de faire quelques observations particulières d'un intérêt non moins grand et qui se rapportent à l'idée générale de la démocratisation.

En premier lieu, il est aisé de constater que le développement des transports a singulièrement accéléré le mouvement de démocratisation des plaisirs.

Il y a des passe-temps, voire des joies artistiques, qui étaient naguère réservés à une minorité de gens riches ou aisés. Beaucoup d'habitants qui se privaient autrefois d'aller au théâtre pour ne pas grever leur modeste budget de frais sup-

---

1. *Le Nivellement des jouissances*, chapitre II. — *Les voitures*, p. 297.

plémentaires de voitures n'ont plus maintenant de raisons pour se refuser cette distraction, puisqu'ils ont des moyens rapides et économiques de regagner leur domicile. A ce sujet il convient de mentionner ici le service des autobus des théâtres. De même des services supplémentaires de Métro ou d'autobus sont organisés en vue de permettre au public parisien d'assister aux grandes manifestations militaires ou sportives, telles que la revue du 14 juillet à Longchamp, la revue de printemps à Vincennes, une séance d'aviation à Juvisy ou ailleurs. Il ne faut pas oublier non plus que les sorties du dimanche, les exodes du peuple parisien vers les campagnes environnantes, c'est-à-dire le plaisir hygiénique par excellence, ne sont devenues vraiment possibles que le jour où un emprunt combiné du Métropolitain, d'un tramway ou d'un chemin de fer a permis de réduire au minimum la longueur et le prix du trajet.

En second lieu, les transports en commun ont été un agent de démocratisation en ce sens qu'ils ont beaucoup contribué au rapprochement des diverses classes sociales.

M. le vicomte d'Avenel, dans un ouvrage précédent (*le Mécanisme de la vie moderne*) a émis ces réflexions très exactes : « Dans les *Faux Bonshommes*, de Théodore Barrière, la fille aînée d'un agent de change, qui prétendait épouser contre le gré de sa famille un artiste sans fortune dont elle était amoureuse, cède enfin aux sollicitations de son entourage, et sa cadette, moins romanesque, s'écrie triomphante, en apprenant la rupture de ce mariage : « Au moins, ma sœur n'ira pas en omnibus ! » Naturelle en 1868, où c'était une sorte de déchéance, une humiliation intime, en certains milieux, que d'aller en omnibus, cette exclamation n'aurait plus de sens aujourd'hui où des duchesses, des archi-millionnaires coudoient, sur les coussins démocratiques des tramways, des clercs d'huissiers et des cuisinières. »

Ce que l'auteur dit des tramways peut être également dit des autobus et des chemins de fer souterrains. Il n'est pas rare aujourd'hui que des bourgeois relativement connus s'assoient à côté des ménages ouvriers dans un véhicule public pour aller au théâtre ou pour en revenir. Les moyens de transport sont ainsi devenus le terrain de rencontre des diverses catégories sociales séparées, dans le courant de la vie quotidienne, par tant de barrière réelles ou conventionnelles.

Mais on s'est parfois placé à un point de vue tout à fait opposé et on a prétendu que, loin d'être un agent de rapprochement, les transports en commun ont été un facteur d'éloignement et de diversification des classes sociales.

M. Duval-Arnould a, devant la Société d'Économie sociale, exposé cette idée [1] : « Ceux qui ont l'honneur de représenter comme moi un des vieux quartiers de Paris, où cohabitent encore, dans la même rue, dans la même maison, riches et pauvres, bourgeois, ouvriers ou employés, ne peuvent s'empêcher de regretter ce changement. Ils voyaient naguère, ils voient encore, se nouer des relations amicales, grandir des sentiments d'estime et de confiance réciproques entre des voisins qui, un jour ou l'autre, ont l'occasion de se rendre service, et sont les témoins muets mais sympathiques, des vertus qu'ils savent reconnaître de part et d'autre. »

A ce tableau de classes sociales ayant, malgré leur diversité, des contacts quotidiens, M. Duval-Arnould opposait le tableau des deux sociétés nettement séparées qu'il apercevait à l'heure actuelle :

« D'une part, disait-il, la société des riches, dans ces quartiers de l'ouest où les maisons sont des palais, où les seuls ouvriers que les millionnaires voient d'un peu près sont leurs domestiques et leur concierge ; et, d'autre part, aux autres extrémités de Paris, des faubourgs où l'ouvrier, en rentrant le soir, ne rencontre que d'autres ouvriers comme lui, menant la même vie laborieuse et obscure qu'il mène lui-même et formant un milieu trop favorable à l'action des fauteurs de révolution, qui peuvent d'autant mieux décrier et calomnier les riches que les pauvres n'ont plus avec eux de contact personnel. »

1. *Bulletin* n° du 1ᵉʳ juin 1909, p. 694.

Ainsi la locomotion publique ne supprimerait pas les barrières entre les classes ; au contraire elle les multiplierait et les épaissirait en modifiant la répartition des classes sur les diverses parties du territoire urbain. De là sortirait, non la paix sociale, mais une accentuation de la lutte des classes qui est le cheval de bataille d'un parti politique.

Le point de vue de M. Duval-Arnould est-il exact ? Le tableau qu'il trace est sans doute exact en bien des points. Mais il porte la marque d'un esprit trop pessimiste. Il est vrai que la locomotion publique a produit une nouvelle distribution de la population ; il y a des quartiers riches et des quartiers pauvres ou médiocres. Mais les riches peuvent très facilement se rapprocher des autres, soit à l'aide de leurs automobiles particulières, soit même en utilisant les transports en commun.

D'ailleurs il n'existe pas que des millionnaires et des ouvriers. La classe immense des employés, bourgeois et petits fonctionnaires coudoie partout les ouvriers. Et, si l'on se rappelle ce que nous avons longuement établi au cours de cette étude, il faut dire qu'on verra de plus en plus en banlieue les villas des premiers voisiner avec les maisonnettes ou les logements à bon marché des autres ; or ce résultat, éminemment propre au rapprochement de citoyens, de conditions très diverses, est l'œuvre des progrès des transports publics.

La répartition territoriale des classes sociales a été particulièrement examinée sous l'aspect de la philantropie. M. Lucien Descaves rapporte à ce sujet une intéressante interview que lui a donnée une dame charitable[1].

« Parfaitement, me dit-elle. Le nombre des pauvres diminue dans les quartiers du centre, c'est vrai, grâce aux embellissements réalisés ou en voie d'exécution ; mais il augmente dans les arrondissements de la périphérie où ces pauvres sont refoulés et où ils trouvent encore, où ils ne trouveront pas longtemps, des loyers proportionnés à leurs ressources. La

---

1. Lucien Descaves, *A la semaine : Le Journal* du 19 novembre 1913.

maison du riche, autrefois avoisinait celle du pauvre ; ils se voyaient tous les jours, ils se connaissaient. La démarcation fait, à présent, qu'ils s'ignorent... et c'est une des raisons de la multiplicité et du développement des œuvres d'assistance. Nos grand'mères n'avaient besoin de personne pour secourir l'indigent. Il était à leur porte, sous leurs yeux, sous leurs mains... Maintenant il demeure loin, d'où le besoin d'un intermédiaire, d'une délégation qui se charge de faire parvenir nos charités. Ce n'est plus la même chose. L'essence de la charité est dans le dérangement que celle-ci impose au bienfaiteur et dans le rapprochement qu'elle favorise. Cent francs qu'on envoie ne valent pas cent sous donnés de la main à la main. Et voilà pourquoi je regrette cet éloignement auquel le pauvre est condamné par l'édification de magnifiques immeubles de rapport à la place des masures démolies. Ce que l'on gagne en salubrité, on le perd en connaissance, en connaissance de cause à effet. »

Il y a une part de vérité dans les appréciations de cette dame, mais celle-ci nous semble ne pas avoir tenu un compte suffisant du rôle que peuvent jouer les moyens de transport au point de vue des œuvres d'assistance. Les progrès de la locomotion ont pour ainsi dire supprimé les distances. Peu importe que l'indigent soit à quelques kilomètres de celui qui veut le secourir, si ce dernier peut se transporter auprès de lui en quelques instants et pour une somme modique. Aussi bien que nos grand'mères ou nos grands-pères, nous pouvons faire nous-mêmes, et sans intermédiaire, la charité, nous déranger et remettre nos offrandes de la main à la main ; il nous suffit, pour cela, de prendre le Métropolitain ou l'autobus. Nous n'y perdrons pas plus de temps que nos aïeux, notre action aura la même efficacité et le même mérite.

Comment, d'une manière générale, contesterait-on que les transports publics favorisent le rapprochement de toutes les catégories de citoyens ?

Les amis et les parents, résidant à une certaine distance les uns des autres et ne pouvant, autrefois, se voir que de loin en loin, peuvent avoir des relations beaucoup plus fréquentes. L'autobus, le Métro, le tramway multiplient le nombre des visites et des réunions, de même que le télégraphe, le téléphone, la correspondance pneumatique multiplient le nombre des conversations orales ou écrites. Il en résulte non seulement une facilité beaucoup plus grande pour la conclusion des affaires, mais encore un développement de l'instinct de sociabilité.

On peut encore noter d'autres influences démocratisantes des transports en commun. C'est ainsi, par exemple, que ceux-ci ont largement ouvert à la foule les portes des grands magasins. Il est certain que l'extension du grand commerce se trouve en rapport avec les facilités données aux habitants de Paris et de la banlieue pour accéder dans l'un ou l'autre de ces immenses bazars qui sont l'une des caractéristiques les plus frappantes de l'organisation économique contemporaine. Tel habitant, et surtout telle habitante d'un quartier de la périphérie ou d'une localité assez éloignée, située en banlieue ne venait, vers 1890, au Bon-Marché, au Louvre, au Printemps etc., qu'une ou deux fois dans son année. La distance à parcourir à l'aller et au retour était si longue qu'elle représentait un véritable voyage. Aujourd'hui, grâce aux tramways électriques, aux autobus, au Métropolitain et au Nord-Sud, la durée du trajet, dans chaque sens, se trouve réduite à moins d'une heure. Et le grand magasin compte ainsi d'innombrables clients et clientes de plus qui viennent assiéger ses rayons une ou deux fois par semaine. Faut-il affirmer qu'un tel état de choses accroît beaucoup la rupture de l'équilibre entre le grand et le petit commerce ? Une telle affirmation serait bien hasardée. Car, si les moyens de transport ont conduit des foules vers les grands magasins, ils ont aussi formé des agglomérations nouvelles dans la périphérie et dans la banlieue ; or de nombreux petits commerces sont nés et vivent au milieu de ces agglomérations.

En dehors de l'idée générale de démocratisation, que nous avons jusqu'ici poursuivie, il est possible d'apercevoir d'autres conséquences sociales des transports publics.

Ceux-ci paraissent propres à resserrer le lien familial en prolongeant la présence du père et de la mère au foyer domestique. Villermé décrivait l'ouvrier de 1840 qui revenait chez lui très tard et après une course exténuante s'ajoutant à la fatigue du labeur quotidien. L'ouvrier d'aujourd'hui demeure plus loin que son devancier du lieu de travail ; mais il a l'avantage de ne pas faire le trajet à pied et d'y être transporté rapidement et à bon marché. Le perfectionnement de la locomotion publique concourt donc, avec la réduction de la durée du travail, pour permettre au salarié de séjourner plus longtemps chez lui. On voit tout ce que la prospérité familiale et la morale publique peuvent gagner à ces progrès.

On a signalé un autre bienfait — mais plus problématique — des transports. « A défaut des preuves matérielles qu'il est difficile d'apporter en pareille matière, dit M. Chassaigne [1], nous avons la conviction morale que l'institution des moyens de transport aura contribué à battre en brèche les progrès de l'alcoolisme. »

M. Dausset, conseiller municipal de Paris, a fait, dans un rapport présenté au XVIIe Congrès des tramways tenu à Christiana en 1912, des observations dans le même sens.

« L'ouvrier d'autrefois, qui se rendait à pied au lieu de son travail, était sollicité, en cours de route, par la vue de nombreux débits de boissons. Aujourd'hui, les innombrables ouvriers qui habitent une région excentrique et voyagent en tramway ou en métropolitain, ou en chemin de fer suburbain, sont, par la force même des choses, soustraits à la tentation. Ils y échappent aussi parce que, à la sortie de l'atelier, il leur faut se diriger en hâte vers le tramway qui n'attend pas ; les longues stations dans les débits de vins où s'attardaient autrefois tant

1. *Op. cit.*, p. 178.

d'ouvriers, avant de regagner leur domicile, deviennent ainsi matériellement impossibles. »

Encore une fois ce point nous paraît bien hypothétique. Sans doute les statistiques établissent que chaque Parisien buvait en moyenne 7 lit. 50 d'alcool par an, tandis que cette quantité est tombée à 4 lit. 78 en 1906 et à 4 lit. 22 en 1910. Mais il resterait à rechercher, d'une part, quelle est la valeur probante de ces chiffres au point de vue de la diminution réelle de l'alcoolisme, d'autre part si le progrès des transports en commun est pour quelque chose dans cette amélioration. Nous demeurons, pour notre part, dans le doute, et les observations de M. Dausset ne suffisent pas à nous convaincre. La fréquence même des véhicules publics fait que l'ouvrier peut s'attarder à la sortie de l'atelier dans un débit de vin ; il sait que, jusqu'à une heure avancée, il aura toujours à sa disposition, pour rentrer, un tramway, un autobus, ou le Métropolitain. Au surplus les bars ne se trouvent pas seulement aux alentours de l'atelier ; il en existe aussi (et trop) dans le quartier périphérique ou dans la banlieue qu'il habite. Ici ou là, c'est toujours la même tentation qui le sollicite. Ce qu'on peut dire, cependant, c'est que l'influence bienfaisante de l'épouse et des enfants s'exercera mieux aux abords de l'habitation qu'aux abords de l'atelier lointain. Alors même que le perfectionnement des transports n'aurait relativement à l'alcoolisme, que ce résultat, il serait un incontestable bienfait.

Les transports en commun permettent encore d'autres considérations qui vont servir de conclusion à notre étude.

Nous voyons d'abord se dégager un enseignement moral pour les contemporains.

« Il y a des gens, dit M. Georges Lecomte, que nous avons déjà cités, qui ne décolèrent pas parce que, en certains quartiers de Paris, et parfois pendant plus de temps qu'il n'en faut pour un long voyage aux Indes, les rues se creusent de vastes trous, s'encombrent d'arrogants chantiers. Et ils grognent avec non moins de verve s'il leur arrive d'être retardé, deux minutes, par quelque embarras de voitures dans leurs rendez-vous d'affaires ou d'amour. Imaginez-vous ce scandale : dans une ville comme Paris, délicieux refuge de bonheur, au milieu de la grâce et de la beauté, des palissades, des gouffres, des forges, des usines métallurgiques en plein vent, et quels odieux ralentissements dans la course éperdue des autos !

» Du bouleversement prodigieux et continu qui, depuis bientôt quinze ans, a transformé — si commodément pour la foule — les transports de la vie à Paris, ils n'ont retenu qu'échafaudages et tranchées. Peu leur importe que depuis 1900 on ait perforé, de part en part et en tous sens, le sous-sol de la grande ville que, sans pouvoir interrompre un seul jour, une seule nuit, la coulée des gens et des voitures, on ait métamorphosé, pour une circulation électrique sans cahots, nos lignes de tramways sur un sol désormais merveilleux de cohésion, de solidité et de souplesse ! Les rapides circuits de nos autobus qui, si vite et si agréablement, ont rapproché les divers quartiers de Paris, ne leur semblent qu'une incommodité supplémentaire. Bolides ! cascades de boue ! fracas ! »

Il y a, en effet, des gens de tempérament maussade et d'humeur hargneuse qui éprouvent les sentiments qui viennent d'être décrits. Mais ils sont rares. Chez un certain nombre, les récriminations ne sont que des boutades. L'immense majorité est satisfaite et émerveillée de l'immense travail réalisé à Paris depuis une quinzaine d'années. Bien peu traversent Paris en Métro sans s'émouvoir. Bien peu, lorsqu'ils roulent en quelque tramway ou en quelque autobus, bien suspendu sur une chaussée comme élastique, se rappellent les encombrements qu'il leur a fallu subir pour jouir de cette prestesse confortable et de ce bon marché.

Une ville, comme une femme, doit souffrir pour être belle. Elle doit souffrir aussi afin de conquérir plus de bien-être, et une vie plus facile, non seulement pour la génération présente, mais encore pour les générations futures. On peut dire que les travaux nécessités par le développement des transports en commun donnent ainsi une leçon de solidarité aux citoyens.

Un autre enseignement se dégage de ces travaux et il s'adresse, celui-là, aux édiles et aux pouvoirs publics. C'est que l'art de gouverner les immenses cités ne s'improvise plus. Comme toutes les grandes villes où l'humanité s'entasse autour des industries, des maisons de commerce, des services publics, Paris étouffé se déverse des ruches faubouriennes dans la banlieue. Son activité grandit, ses rues s'engorgent, les transports doivent être perfectionnés, les précautions de salubrité et de surveillance s'imposent d'une manière plus impérieuse. Pour parer à toutes les nécessités de cette situation complexe, il ne suffit plus d'avoir du cœur et de la bonne volonté. On s'aperçoit aujourd'hui que l'administration des grandes villes est une science précise et pratique, que la politique n'y peut tenir lieu de compétence, que le plus généreux programme social n'exclut pas la fermeté dans le maintien de l'ordre nécessaire au bien-être de chacun, que, pour être des édiles bienfaisants, il faut connaître, réfléchir, comparer, être capable de prévision et de longs desseins. Il nous est agréable de constater que l'assemblée municipale de Paris présente de plus en plus ces qualités nécessaires. Nous ne chercherons pas à marchander non plus notre admiration, au préfet de la Seine, pour le tranquille courage avec lequel il s'attaque à une œuvre gigantesque. On se sent plein de respect et de confiance à l'égard des administrateurs qui, conscients de leur devoir, ont l'énergie de ne pas se résigner à vivre au jour le jour et de concevoir des plans d'ensemble et d'avenir.

Nous avons essayé de montrer comment le progrès des transports en commun a révolutionné la vie économique et sociale contemporaine, quels bienfaits sont sortis de ces transformations. Or, l'amélioration constante des moyens de transport est due aux recherches désintéressées des savants, aux applications de leurs découvertes. De là on doit tirer un enseignement sociologique d'une portée générale et considérable. Nous laisserons à M. d'Avenel le soin de le formuler en termes aussi heureux qu'exacts : « Il est bon de ne pas tarir les sources d'où peuvent jaillir, au profit du plus grand nombre, les progrès futurs. Ils seront le résultat du libre effort individuel et non de la bonté collective, fût-elle érigée en système légal. La bonté sert beaucoup à l'amélioration morale de ceux qui l'exercent comme un devoir et fort peu au soulagement matériel de ceux qui la réclament comme un droit. Elle crée seulement de la vertu pour les uns, elle ne crée pas des richesses pour les autres. Au point de vue économique, les bienfaiteurs affectifs de l'humanité ne sont pas les organisateurs de bonté, mais les entraîneurs de travail. »

Les transports en commun ont été et sont, nous l'avons vu, des éléments importants de la vie moderne.

Il en est de même, à plus forte raison, pour les transports en commun nationaux et internationaux. Or, ceux-ci n'ont pris naissance que depuis un siècle. Quelle heureuse évolution de nos caractères, quelle bienfaisante révolution de nos mœurs ne seront donc point apportées par le moyen de transport idéal qu'est l'aéroplane lorsque celui-ci, d'individuel, sera devenu général ! Les aérobus ne sont point si loin de notre génération que certains esprits chagrins le croient. Le jour où l'aéroplane sera devenu d'un usage courant, les barrières établies par les traités tomberont, les peuples apprendront à se mieux connaître, et, si les guerres ne seront point pour cela supprimées, du moins pourrons-nous croire que l'ère des longues paix s'ouvrira enfin pour notre pauvre humanité.

TABLE DES MATIÈRES

Imprimerie Jouve et Cie, 15, rue Racine, Paris — 2463-14